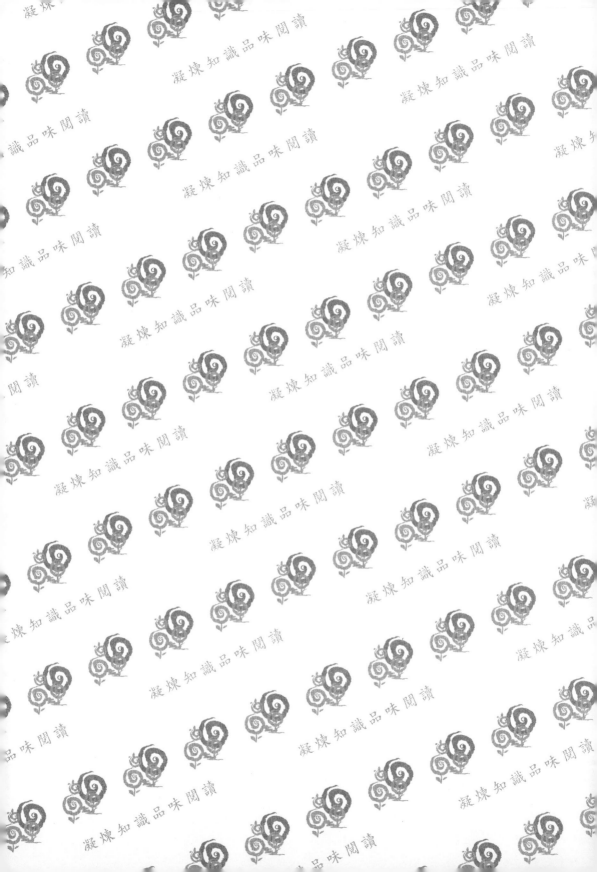

莊周夢蝶
莊子哲學

杜保瑞◎著

五南圖書出版公司 印行

閱讀說明

　　「莊周夢蝶」這個成語是莊子〈齊物論〉文章中的一個寓言，它傳神地掌握了莊子的思想精神，所以我們以它作為本書的書名。

　　本書的內容是以《莊子》內七篇的文章之解說而寫成的，書中針對內七篇全文作逐段逐句的疏解，掌握書中思想的邏輯，作最充分的義理展示，是一本以「思想解說」為主的注莊書。本書涉及莊子思想不易解讀之處，作者都作了明確的觀念闡釋，故而書中多處顯示作者本人的理解態度，代表了我們對莊子思想提出的一套解釋系統。

　　本書之寫作，先將莊書段落文句之思想內涵進行解說，隨後再附上原典文字，故而讀者閱讀時可完全跳過莊書原文，直接閱讀正文，若需參考，再詳讀原典文字。又，本書之義理疏解，以思想解說為主，並未直接作文字注釋，對於文義明確的語句，亦不再作白話翻譯，而以觀念發展之行文為主。故而讀者在閱讀時，若需逐字注釋，則應參考坊間莊子白話注解之書，以便於理解。

　　莊子在書中苦口婆心地講了許多「人生的哲理」，告訴我們做人做事的道理，但是他的講法和我們熟悉的孔孟之學不同，也和道家傳統中的老子學和道教學不同，莊子的人生哲學有自己獨特的型態，本書在文義解說時，極為注重這個本屬於莊子學思的特殊型態之闡釋。

推薦序

　　《莊子》一書乃今古之奇文妙筆，其精神意趣，超邁於萬物之上，遨遊於宇宙之表，逍遙達生，至樂極詣，古無斯人。其文雄豪宏肆，鼓舞變化，妙蜜流溢，漫無際涯。然而其寄興適趣，玄冥芒芴，甚難窺其旨趣於一斑，譬如其鯤鵬之喻、蕉鹿荒言、夢蝶觀魚、承蜩鬥雞、渾沌鑿竅、壺子四相，其意境愈廓愈玄，其寄興愈奇愈幻，猶如馮虛捉風，繪聲畫夢，不可致詰。莊子自謂其書「和以天倪，因以曼衍。」又自謂「以謬悠之說，荒唐之言，無端崖之辭，時恣縱而不儻。」善讀莊子書者，睹其罕譬微言，靈光乍現，目擊神會，形釋心喪，哂然相忘於道而已。豈必審於解故，拘於稽古，以近死之心析解訓字哉？

　　杜保瑞君為臺大哲學博士，多讀中西群書，尤精於儒學，與余切磋於臺大十數年，攻研明末大儒劉蕺山、王船山。去歲來服預官役，戎馬餘暇，玩味《莊子》，於莊子奇崛之文、浩渺之意，心領神會，輒筆之於書，日積月累，義解其內七篇，而成巨帙，凡十餘萬言，題曰《莊周夢蝶》而付梓問世。蓋《莊子》一書，自《漢書‧藝文志》即著錄為三十三篇，分內外雜三編；外篇十五，雜篇十一，即其篇首二字以名之。內篇七則專立標題，各有意義，自〈逍遙遊〉而迄〈應帝王〉，義理精絕，層次井然，首尾貫串而成一完整之表述系統，比較外雜篇之蕪雜散漫，不可道里計。是故，古今莊學通人，多以內篇為莊子自著而略有後人竄入之文。昔賢專以內七篇解《莊子》者甚多，如：元，吳澄《南華內篇訂正》；明，李贄《莊子內篇解》、歸有光《莊子彙函》、釋德清《莊子內篇注》；清，王闓運《莊子內篇注》，為最著名。民國以來，以內七篇釋莊子者，如林琴南、嚴幾道、章太炎、胡韞玉、陳柱、王治心、高亨、聞一多、關鋒等，皆有專書問世。杜君專以內七篇解釋莊子義理，可謂得其旨趣矣。

　　余讀杜君此書初稿，深覺其確為好書，其好有四：一曰理明，二曰義新，三曰詞順，四曰文淺。本書作者本其深厚之哲學素養，以現代之哲學觀念與表述方法，分析《莊子》書中之特殊概念，依據其世界觀與人生哲學思想，從而成立解釋系統，以闡明莊子之飽滿豐盛、至樂無極之生命哲學，透入到哀樂相生、夢覺相尋、幻變無方的物化洪流中，以體貼享受生命之美感與趣味，以個體生命之平等尊貴，徹底摧毀了不同形式的生命之間的種種限界，物我一如，生死不二，「道通為一」。是以本書理明而義新。同時，本書逐字逐句，以語體文譯述《莊子》，眼力所及，筆力所至，文從字順，如庖丁解牛，於《莊子》本文之枝節難解處，豁然貫通，正所謂入乎其內出乎其外而深入淺出者，對於研讀欣賞《莊子》之奇文妙筆者，助益匪淺。是以，理明義新而輔之以詞順文淺，為杜君此書之莫大好處也。

　　至於杜君本書，何以設題為《莊周夢蝶》？莊子於〈齊物論〉之結尾一喻曰：「昔者莊周夢為蝴蝶，栩栩然蝴蝶也，自喻適志與！不知周也。俄然覺，則蘧蘧然周也，不知周之夢為蝴蝶與！蝴蝶之夢為周與！周與蝴蝶則必有分矣，此之謂物化。」依據本文，愚意試揣測之，莊生之世界觀與人生哲學思想，可約化為以下數點：

　　一、「一氣之所化」之自然觀之灑脫心境。

　　二、「調適而上遂」之全體生命之共感共振。

　　三、同生死、一夢覺之無限自由。

　　四、多元生命主體之轉化與融會。

　　五、忘我忘知忘命忘義之美感觀照。

　　六、命運之「懸解」——宇宙人生機械秩序之幻化與消釋。

　　凡此正莊生謬悠之言旨而寄寓於蝶夢之說者，故鑄名以設題。

　　總之，杜君此書儘管是發抒於戎馬生涯之餘暇遣興，但仍不失為一本有見解有功力的好書，對莊子的哲學思想有深入的分析與詮解，亦多自得之見。尤其是深入淺出，對研學《莊子》及欣賞《莊子》的讀者，必有很多的啟發與助益。唯我所了解的杜君，是學儒有成的青年學者，

儒道思想雖各擅勝場，也可互補互證，然而「名教中自有樂地」。郭子玄曰：

> 通天地之統，序萬物之性，達死生之變而明內聖外王之道。上知造物無物，下知有物之自造也，莊生雖未體之，言則至矣，無會而獨應者也，泰然遣放，放而不傲，上搒擊乎三皇，下病痛其一身，則寄言以出意耳。

又曰：

> 係生故有死，惡死故有生，無係無惡，無死無生，或謂莊子樂死惡生，謬也。莊生之旨，生時安生，死時安死，生死之情既齊，則無為當生而憂死矣，緣于不得已，則所為皆當，故聖人以斯為道，豈求無為于恍惚哉！君臣父子，雖是人事，皆在至理中來，非聖人之能為也。人生七尺，而五常必具，故雖區區之身，乃舉天地以奉之，一體之中，知與不知，闇相與會而俱全矣。

楊龜山曰：「〈逍遙遊〉，無入而不自得也。〈養生主〉，行其所無事也。」
《朱子語錄》言：「莊生為見道體。」
茲錄先賢雋語數則，與杜君共思之。

張永儁

自 序

　　莊子研究在當代是極受重視的，不僅作為一般民間知識界的通俗介紹之作還是作為學院內的專業理論探究之作，莊子都一直是顯學中的顯學，既有普及暢通的生活價值又有寬廣深厚的學術意義。

　　本書之作，以通俗閱讀的形式表達專業學術研究的成果，其目的當然還是為廣泛傳播。只是筆者在撰寫之中，深入追究莊子每一言、每一語、每一個段落、每一個故事背後的哲理意涵，多方推敲，形成確定意見，並全面溝通於全書的義理結構，使得本書的所有莊子學思得以在一套流通互動的整全架構中理性地發表，既有助於閱讀的清晰，更是學術研究的專業成果的展現。當然，表達的形式還是通俗性的，因此眾多專業學術成果還需筆者自己轉換以學術論文的形式再為表達，至於讀者的閱讀，則可以一方面舒適地享受莊子的古文以及筆者的今文所鋪設的流暢的生活智慧的展現，更可以一方面藉此而進入哲學研究的殿堂，了解專業理論建構時的關鍵環節是在哪些主張中結構而成，從而動腦作研究，自己來作莊子學的專家。

　　莊子思想的傳統研究是有歧異的，但筆者也都作了自己的決定，並沒有在哪一段的詮釋中刻意模糊。郭象注莊的大小自適的說法筆者是絕不採取的，筆者的詮釋是指出莊子就是要追求一個絕對超越的精神嚮往，而這樣的立場同時即是諸多當代重要中國哲學家的共見。莊子文中諸多神仙意境的話語筆者是把它當作莊子的真知識在討論的，而不僅僅是故事的比附隱喻或象徵之用而已，這一套知識在中國道教哲學中是被正式地建立的，因此無須在莊子詮釋時刻意避諱或掩飾，甚至否定。莊子的文本常以故事形式表述，每一個莊子的故事都是一套哲學理論的意見傳達，筆者都明確地說出了故事所說的哲理，絕不使任一個故事的理論意義鬆散不清。莊子的取名看似荒唐不著邊際，其實每一個名字的背

後都是一個意義所帶動的觀念，筆者也以觀念表述的方式使用著莊子的
名字及概念來詮釋其文。

　　莊子全書透露的意境是使人快樂的，筆者撰文的同時亦時常悠遊儒
釋二教之學，看著儒家的文字都覺得是所有承擔社會責任者的現實生命
的寫照，沈重卻又澎湃。看著老子的文字就覺得老子在讓人發洩對團體
中不懂事的自私鬼的憤怒，那正言若反的聰明不都是為對付好名好利、
見不得人好的小人物的招數嗎？在讀佛教禪宗著作時，每每深刻地讀懂
了的一句話就是代表自己在那個地方有所犯錯，那個執著被話語挑醒而
明白而即刻陷入慚愧狀態。但在看莊子的文字時卻從頭都是快樂愉悅
的，莊子追求的是出世逍遙的意境，文中對現實的荒謬的陳述與其說是
控訴不如說是調侃，在調侃中遠離是非，在冷靜的意義分析中享受著智
性的愉快，這是思想犀利的人的特殊消遣，讀莊子讓人快樂。

　　謹以此書呈現給學術界、文化界及廣大的華文讀者，期待所注入的
是一套清晰有特色而又不同於儒佛老子的莊子思想系統。

杜保瑞

目　錄

逍遙遊

　　〈逍遙遊〉是莊子書中的第一篇文章，而「逍遙遊」也是莊子哲學的第一個重要觀念，就是對於人生哲學的問題，主張採取一個逍遙自適的生活態度。莊子之所以為莊子，就在於他給世人的那種灑脫、放達、愉悅、自適的感覺，特別是當我們把莊子的這種形象對比到戰國時代的風雲人物時，莊子這種追求逍遙的意境則更為鮮明。在莊子的那個時代，一般的知識份子要不就汲汲營營地追逐功名利祿，要不就孜孜不倦地研究、宣揚他的理論。而國家的領導者要不為了保衛國家而憂心，要不為了侵略別國而傷神，幾乎所有自以為有頭腦有思想的人，都生活在自己想要追求的目標的束縛中。為什麼會這樣呢？那是因為他們都認為自己所要追求的東西是全天下最值得追求的東西，於是都一往直前、義無反顧地投入爭逐的競技場中，想讓自己出人頭地、頭角崢嶸。因此他們對自己生活意義的滿足或失落也就都建立在這些事件的成功或失敗上。當他們滿足的時候，他們失去了追求更有意義的價值的機會，當他們失落的時候，他們徘徊在根本不需要失意的情緒中，他們讓自己生命的精彩絞鎖在世俗的煩憂中，毫無真正的快樂，也一點兒都不高明。

　　莊子不這麼想，他認為人生的最高境界，是在於追求「與造化者同其逍遙」的境界，也就是要像天地萬物般地自然祥和、寧靜自足，卻豐富精彩、巧妙愉快的意境，而不是世俗價值標準中的權、利、名、位、功、祿等。但是世人對於這種「與造化逍遙」的意境並無體會，因為他們根本已經以世俗價值的追求為目標了，同時也已經滿足於他們所獲得的成果了。所以莊子為了要打破人類的這種自滿心態，便藉著〈逍遙遊〉這篇文章，編織許多超越人類知識上所能想像的自然環境及生活意境，引導世人產生對生活在更高境界之中的嚮往之心。同時，說出人類因知識上的限制，才會自限於小知之境而不自覺。總之，〈逍遙遊〉文中，莊子的寫作目標，就是要：「打開人類的心胸」、「豐富人類的認識」，以便產生「對於更高明的生活境界的嚮往之心」。

　　如何才能「打開人類的心胸」、「豐富人類的認識」、「嚮往更高明的生活境界」呢？要提供這些東西，是要講理論呢？還是要說故事呢？

如果要講理論那就要從知識上作解說，那麼以戰國時代的才智之士們，來跟莊子辯論個三天三夜也辯不完，所以關於知識上的問題莊子便先避而不談，我們以後要讀的〈齊物論〉、〈大宗師〉等篇中才是莊子談知識的文章。在〈逍遙遊〉中，莊子不談「知識」而談「故事」，藉由故事中一個個差異鮮明的價值對比之事，刺激那些學富五車、才高八斗的知識份子、英雄豪傑們，讓他們在心中先產生疑惑、心生不服，讓他們在驚訝懷疑的情緒中醞釀，然後才能往上一步，說出道理，從而培養他們要「與造化逍遙」的心胸。故而莊子在〈逍遙遊〉中是以「價值目標的差異所產生的強烈對比」為討論的方式，而以達到「打破世俗價值的自滿心態」為說理的目標。

北冥有魚，其名為鯤
——不斷超越自我的價值立場

　　莊子在〈逍遙遊〉中所說的第一個故事是「鯤鵬之喻」。

　　我們平日所知道的魚呀鳥呀，就是在水中游的及在空中飛的那個樣子，但是莊子在〈逍遙遊〉文中，一開始就要說出一種超出我們平日所知的大魚及大鳥，牠們不僅體積龐大，牠們的本事更是一般人無法想像的大。莊子介紹這種大鯤鵬的出現，就是要讓我們拉開想像的空間，讓我們在常識之外，再去探詢一些更高境界的事務，好當我們對比到自己的人生的時候，能夠自我反省：我們是否刻意地忽略了許多重要的觀念，或是忽略了更多值得追求的東西，而總是將日常的行為合理化或是誇大它們的價值，以便理直氣壯地做著眼前的事呢？

　　莊子的「鯤鵬之喻」是這麼說的：在北方遙遠的國度有一個深不可測的大海，叫作「北冥」，海中有一種極特別的魚叫作「鯤」。鯤的身軀廣大，大到不知有幾千里那麼大，而且牠在水中是「魚」，卻能夠變成一

隻「鳥」飛行到空中，當牠變化為鳥的時候人們叫牠為「鵬」，這隻大鵬鳥的背長到不知有幾千里那麼長。牠一旦決定要起飛升空、翱翔天際，牠所張開的雙翼就像在空中垂下兩張大雲塊那種氣勢。這隻北海的大鵬鳥在海上飛行的時候，目標是朝向天地極南的一端，叫作「南冥」，一個在天涯海角深不可測的「天池」之處。有一本專門記載奇人奇事的書叫作《齊諧》，書上說大鵬鳥在飛往「南冥」的時候，從海面擊水而起，濺起三千里高的浪花，在空中乘風而起直上九萬里的青雲之天，且一旦升空飛行就會一直飛個不停，要六個月後才會停下來休息。

> 北冥有魚，其名為鯤。鯤之大，不知其幾千里也。化而為鳥，其名為鵬。鵬之背，不知其幾千里也；怒而飛，其翼若垂天之雲。是鳥也，海運則將徙於南冥。南冥者，天池也。齊諧者，志怪者也。諧之言曰：「鵬之徙於南冥也，水擊三千里，摶扶搖而上者九萬里，去以六月息者也。」

這是一隻多麼大的魚及多麼大的鳥啊！原來牠是「魚鳥同體」、「二位一體」的一種生物，牠的由魚化鳥、由水升空、翱翔天際的一切活動都是那麼地氣魄不凡，莊子真是稱頌讚美有加了。當大鵬鳥在空中逍遙的時候，牠的眼界不同了，牠看事情的角度改變了，地上一切生物活動的意義對牠而言都與在地面上的我們的想法有極大的差距了。所以莊子就要藉著這隻大鵬鳥眼中的世界，來打開我們一般人的想像的空間，將我們拉到一個視野上從未有過的高度，重新反省我們的生活世界中的各種觀點，讓我們有機會跳脫日常性的一般思考，而興起超越自我的嚮往。如果不是藉著大鵬鳥的比喻，一開始就要人們接受莊子的想法，恐怕世人是很難被影響的，這便是莊子藉故事以講道理的說明技巧。

莊子說：在九萬里以上的高空看下來，地面上的山川百物、動植飛潛、人頭竄動，實在是非常細微渺小的事情，渺小得就像晴天時在太陽光束的打灑之下，我們會看到空中飄動的灰塵飛揚一般，它們或團聚或

零散，雖像野馬奔騰而實為塵埃因風起落，因此所有在地上活動中的人、事、物，都只是在一氣通流中彼此以氣息相吹吸著而已的。

　　野馬也，塵埃也，生物之以息相吹也。

　　這是莊子藉天上之大鵬以觀人世的感受，其實也就是莊子自己對於現實世界中的人事紛爭的根本看法，如果人類生存世界中的紛紛紜紜只是同一個整體內的擁擠鬥亂，那麼所有的堅持、獨斷、認真、執著豈不都失去了意義，於是人們便應該重新尋找出一個生活的道理，這個道理是什麼呢？就是「逍遙遊」，也是〈齊物論〉文中的「兩忘化其道」，這就是莊子思想的重點所在，我們在往後的文章中會再逐步解說。

　　莊子又說了第二種感受：九萬里高空中的視野的確奇特，我們由地面上向天空中望去的時候，空中總是顯出湛藍之色，但是在空中的大鵬鳥看來，天的顏色恐怕不再是藍色的了，所以藍色也恐怕不是天的真正顏色吧！另外，從地面上往空中望去的時候，天好像是一個極其高遠、無窮無盡的地方，然而當大鵬鳥在空中往地上看來的時候，牠對地上的感覺恐怕也是一個遙遠而無窮盡的世界哩！

　　天之蒼蒼，其正色邪？其遠而無所至極邪？其視下也亦若是則已矣。

　　這就是在說明「站在不同位置會產生不同觀點」的道理。如果看事務的角度不同則觀點就隨著不同的話，那麼我們對於現實生活中的種種事務之判斷，所採取的角度就要慎選了，或者我們就要有能同情地理解各種不同角度之觀點的心胸。尤其重要的是，我們看事務的眼界一定要提高，否則我們的判斷一定是薄弱、無力、不切實際的。大鵬鳥的一切作為之所以能有這麼大的氣魄，也就是因為牠的各種準備都是高「人」一等的，為了說明大鵬鳥之所以能有高遠意境的準備條件，莊子又作了

幾個比方。

　　莊子說：船行水上水深不足則載舟不力，地面窪洞中倒入一杯茶水，則可以放下一片小草作舟浮水面之狀，但若把杯子整個放下，則杯子便黏在泥濘的泥土地上了，這是因為水的深度不足而杯子太大的緣故。船和水的關係是如此，鳥和風的關係亦然，沒有足夠的風便無力承載巨鳥之雙翅。

　　　　且夫水之積也不厚，則負大舟也無力。覆杯水於坳堂之上，
　　則芥為之舟，置杯焉則膠，水淺而舟大也。風之積也不厚，則其
　　負大翼也無力。

　　從這個現象中我們領悟了一個道理：要做大事就要先準備充分。大鵬鳥之所以能夠高飛，就是牠已經把一切的條件都安排好了，所以才能有如此的境界出現。

　　所以，莊子說：一定要先上升到九萬里的高空之中，這樣風的厚度才足夠承擔大鵬鳥的雙翼，因為這時候所有的為風之氣皆已在其下，此時大鵬鳥才肯開始用風之氣而大展雙翼、趣向無涯。而在九萬里的高空之中的時候，其上已無任何生物、飛鳥、高山之阻隔，所以就像讓大鵬鳥自己直接背負青天一般，天空已完全屬於自己了，無所顧忌了，這樣大鵬鳥才要培風往南運徙。

　　　　故九萬里則風斯在下矣，而後乃今培風；背負青天而莫之夭
　　閼者，而後乃今將圖南。

　　莊子在〈逍遙遊〉中講出「鯤鵬之喻」的目的就是要強調大才的大用，大用者有大的心胸、大的意境，以及充足的知識，然而世人多不能領會，甚至陶醉在小知小用之中，所以莊子又以兩隻形體很小的「蟲、鳥」的觀點來作比喻，凸顯世人不能了解高境界者的逍遙心胸。

面對大鵬鳥的「搏扶搖而上者九萬里」的浩大工程，小蟬和小鳩鳥要發表議論了。莊子讓牠倆輕佻地嘲弄著說：飛？誰不會！我們也是在飛呀！像我，張翅努力一飛，撞到小榆樹和小枋樹就停了，就算有時候飛不到，頂多是「碰」一聲，整個人（整隻鳥、整隻蟲）空投於地而已，這也是飛呀！幹嘛一定要升空到九萬里的青天之中，才要開始決定往哪兒飛呢？簡直是浪費精力嘛！多此一舉。

　　蜩與學鳩笑之曰：「我決起而飛，槍榆枋而止，時則不至而控於地而已矣，奚以之九萬里而南為？」

蜩與學鳩的控訴真是擲地有聲，普天下在工作崗位上汲汲營營、孜孜不倦的人皆報以熱烈的掌聲，咸認兩位小英雄替大家說出了心聲。我們每一個人不都應該滿足於眼前的事業，何必眼高手低妄想太多呢！

是這樣的嗎？錯了！莊子不是這個意思。蜩與學鳩對大鵬鳥的嘲弄讓我們想起了老子的話：「下士聞道，大笑之，不笑不足以為道。」這兩個小東西，正是這個「下士聞道大笑之」的境界，自以為別人是傻瓜，其實自己才是無知的人。莊子此處並不是在強調人要安於表面上的現狀，若說滿足於眼前的事業，莊子作蒙縣漆園的管理員，位卑職輕卻心意悠閒，安時處順且逍遙自適，莊子自己豈不正是模範生嗎！所以莊子此處是另有深意的。

人們對於命運中的貧富貴賤應該看開看淡，這是莊子的觀點，但是之所以能夠看開看淡，是因為具有豐富的知識、透徹的智慧、曠達的心胸，而不是多一事不如少一事的自滿自足之心態，當然更不是幻想著要投機事業、稱一方之霸或號令天下。透徹了人世的根本，則何事非業，處處自適；不透徹人間世，則事事非業或爭競一生，都不是道理。所以我們對人生方向的追求，應該是在胸襟上下功夫、在智慧上學透徹，當心中境界達到對天下人、天下事皆無所用其機心之時，那種生活上的逍遙自適感便真實了，可是這種心胸的氣魄，絕不是在奔忙、在逃避、在

好強、在懊喪的世俗中人所能體會的，所以莊子要藉大鵬鳥的「大」來比喻這個心胸、氣魄、境界的「大」，而且要藉蜩與學鳩的「小」，來比喻世人領悟力的「小」，小到無法領會在高境界中人的所思所想之用心深刻。

莊子〈逍遙遊〉文中的蜩與學鳩是莊子要批判的對象，而不是藉以說明「安時處順」觀念的例子，這是從行文文氣上解讀的結果，我們不要從哲理上作「大小皆適」的理解。

當蜩與學鳩發表了小英雄們獨立思考的見解之後，莊子也就不客氣地予以適度的調教了。人們（鳥們、蟬們）因為知識上的差距，對於事務的觀感也千差萬別，就像大鵬鳥的知識能力高遠無極，蜩與學鳩卻無法領會，這就是知識能力之限制上的差別。因此當我們在一定的知識能力程度之下的時候，就該保持一個開放的心胸接受新知，絕對不可以還理直氣壯地固執見解，與人爭辯，甚至譏笑別人，這反而更限制我們成長的機會，顯得小家子氣，不見殿堂之奧了。

莊子說：到近郊旅遊的人，隨便帶點三餐的糧食，去吃吃就回來了，一點兒也不必擔心會餓到。若是要到稍遠的地方，恐怕一去幾日不返，那就要多帶點兒糧食，而且現存的食物一定不夠，出發的前一夜就要好好地多做些超過平日儲備的食物。如果要去的地方是千里之遙，甚至根本幾年都回不來，那要準備的糧食可就是一件大工程了，恐怕要花上幾個月的時間來準備哩！

> 適莽蒼者，三湌而反，腹猶果然；適百里者，宿舂糧；適千里者，三月聚糧。

這就表示，志向不同則努力的程度也不一樣。人們常常因志向短淺，故而總是尋求一些立可見效的目標，然而當少數有大志向的人仍在不計利害地做長期準備的時候，這些眼光短淺的人已經在享受成功的果實了，基於一種無知的心態，或是疑惑的情緒，人們便會取笑這些做傻

事的人。這當然也是人之常情，但是這正是莊子要批判的心態，人們不能總是在低水平上否定高水平，應該要提升自己的水平以便心平氣和地生活著。

莊子說道：這兩個小傢伙（「之二蟲」）又知道什麼呢！知識缺乏的人不能了解複雜的道理，就像壽命短的人見不到壽命長的人所見到的世面一樣，而且這種差距是一種絕對的差距，是無法跨越的鴻溝，為什麼會這樣呢？「朝菌」早上出生一見烈日即死，它根本不知道這個世界還有從早到晚的一「日」之事；「蟪蛄」這種蟬，夏天出生秋天一到也就死了，因此也不知道這世上還有一「年」四季春夏秋冬的事情，這就是它們因壽命短而無法了解壽命長者所見到的世事的道理。

　　之二蟲又何知！小知不及大知，小年不及大年，悉以知其然也？朝菌不知晦朔，蟪蛄不知春秋，此小年也。

莊子又說：這樣的例子其實還有很多，楚地的南邊有一種長壽龜，牠的生理上的一季是五百年，所以牠的一年是我們的兩千年。很久很久以前的上古之時，也有一種大椿樹，它的生理上的一季是八千年，所以它的一年是我們的三萬兩千年，這個靈龜和大椿樹，是真正壽命長久的生物。豈只是生物界有這種「小年不及大年」的現象，人的壽命亦然，人生常不滿百，這是大家的共命，但聽說彭祖活了七、八百歲，我們如果要和他相比，那不是太悲哀了嗎！

　　楚之南有冥靈者，以五百歲為春，五百歲為秋；上古有大椿者，以八千歲為春，八千歲為秋，此大年也。而彭祖乃今以久特聞，眾人匹之，不亦悲乎！

「鯤鵬之喻」就說到此了。藉鯤鵬之大與二蟲之小說明了境界的差異在對比上的鮮明，要刺激知識份子去遐想那些他們從來不曾想像到的高

遠意境，達到心理感受上的刺激效果，莊子的「鯤鵬之喻」真可謂意象鮮明了。

　　莊子在此處所說的一切，都記載在現傳《列子》〈湯問篇〉一文中，這是描寫商朝開國君王湯武和他的臣下大夫夏革討論有關天地窮盡的問題，裡面談到了許多這世界的物種千萬，其中奇異怪誕差異之大實難想像，鯤鵬之事亦取材於此，不過，《列子》書中之文字與莊子所引的文字略有出入，而且莊子引用之重點是要點出「小知不及大知，小年不及大年」的道理，這也與《列子》原典的文義不同。

　　　　湯之問棘也是已。

　　「鯤化為鵬」的故事以及莊子要比喻說明的道理都已經說完了，可是《莊子》書中卻又保留了一段同義的文字，不過這並不影響我們對莊子的理解，所以還是再看一下。

　　莊子說：這天下最北的一端有一個深不可測的大海，它其實就是天地自然的大水池，池中有一種魚，外型長達數千里，沒有人真正量過牠到底有多長，牠的名字叫作鯤。還有一種鳥，叫作鵬，牠的背大到像泰山一樣大，翅膀像天上高掛的大雲，牠藉著風雲之氣攀緣而上升到九萬里的高空之上，那兒已經高過了雲端，牠的上面就只有無窮無盡的青天而已，要到這麼高的地方之後牠才開始向南飛去，到達南極之大深海中。小斥鷃之鳥笑著說道，這隻鵬鳥要飛去哪兒呀？我一跳而起，跳個幾仞之高就打算下來了，在蓬蒿間的小樹叢中飛翔即可，說到飛翔的需要，這就是最大的極限了，何必像牠那樣辛苦地飛，牠到底還想要做什麼呢？

　　　　窮髮之北有冥海者，天池也。有魚焉，其廣數千里，未有知
　　其脩者，其名為鯤。有鳥焉，其名為鵬，背若泰山，翼若垂天之
　　雲，搏扶搖羊角而上者九萬里，絕雲氣，負青天，然後圖南，且

適南冥也。斥鴳笑之曰：「彼且奚適也，我騰躍而上，不過數仞
而下，翱翔蓬蒿之間，此亦飛之至也，而彼且奚適也？」

大約這隻斥鴳以為飛翔只在尋找食物吧，蓬蒿之間已有夠吃的小
蟲，那麼跑到九萬里的天空之中有啥可吃呀？而且南冥之地寸草不生去
那兒幹嘛？這就是小鳥不知大鵬的志向的結果。

此小大之辯也。

「鯤鵬之喻」的故事就在「小大之辯」的警策中下了註腳。「小知不
及大知」、「小年不及大年」、「小大之辯」等觀念都是莊子提出「鯤鵬
之喻」的要點。他要提醒世人注意到，人與人之間在能力與知識上的差
距，將造成觀點的不同，我們平日只感受得到人世間充滿了差別互異的
觀點，弄得大家眼花撩亂，難以抉擇，卻無法透徹差異的背後是知識、
能力的問題。所以我們應該努力於知識、能力的提升呢？還是陷溺在意
見的堅持中？這當然是不喻自明的道理，然而世人做得到嗎？做不做得
到其實是心理的問題，是情緒、心力的問題了，這是需要鍛鍊的功課，
莊子在〈人間世〉講「心齋」，在〈大宗師〉講「坐忘」、「朝徹見獨」，
就是在講鍛鍊的功課。這就是莊子思想繼續發展時要討論的課題了。

至人無己，神人無功，聖人無名
——層層上比的四層生命境界

「鯤鵬之喻」是說出了莊子心目中對大境界、大氣魄的嚮往之心，然
而鯤鵬畢竟是魚鳥，「動物因形體物種的差別導致行為氣象的差異」固
然對於「嚮往大境界之心」有其比喻刺激之效，但畢竟仍是比喻，對於

具體人文世界中的境界之別，莊子仍須直接表達觀念，明確地說出道家人物眼中的「才情判準」，提供世人一個自我期許的定位標竿，在境界高下的階層中知所提。

這就是莊子藉「一般社會中人」、宋榮子、列子、「至人、神人、聖人」等四種人物來表達「人物的不同境界」的觀念。動物有物種之異，人物有境界之別。從「拘拘於禮俗中的社會模範人格」算起，往上一層是灑落了禮俗的堅持、遣盪了榮辱的情緒，這是宋榮子所代表的「回到了自然人格的人本胸懷」。再往上一層，是在自然人格的基礎上追求人的「身與物一的自然狀態」，在「心無掛累」的修養上操作「身無拘束」的輕便，這是「列子御風而行」所代表的「身與物一的自然人境界」。還上一層的話，則是莊子所要追求的「與造化同遊的逍遙境界」。此境界中人已無任何人文活動者的形象，完全是「與自然齊一」的生活型態，這是「至人、神人、聖人」以及〈大宗師〉文中所講的「真人」的境界。

這四層境界有著層層上比的關係，第一個層次的境界是比喻儒家的理想人格，投身社會活動事業中成為「各種社會階層角色中的典範人物」，他們都有著良好的教養與品德，也深以這種角色來自許。這種角色都是社會政治活動中所需的穩定力量，本身有其人文活動中的普遍性意義，是人文世界中的理想人格境界。然而道家的哲學智慧是跨越人文趣向自然的，因此在儒家心目中的「人文化成」在莊子心目中成了「人為造作」，所以「抖落人為造作而趣向自然人格」才是莊子的理想，因此人文化成中的人格典範反而是莊子修養功夫要化除的起點，要成為道家人物首先就要化除仁義禮樂的意識型態之堅持。其後宋榮子、列子、至人等三層境界則是道家人物境界範圍內的辯證，從宋榮子「忘仁義禮樂的榮辱之辯」開始，到列子「肢體聰明的勿用」以致能「御風而行」的自然功夫，到「道通為一」、「與自然齊一」的逍遙境界，是莊子往後數文中所談功夫修養的層層上升。這些功夫修養方式的不同和人格境界高下的差異等問題，都是莊子哲學觀念中的深奧之處，在往後諸篇的解讀中，我們還要再作更多的說明。

　　莊子說：在人格的修養境界中，有人追求讓自己的行為合宜，合於
社會角色的典範，並以此作為自我期許的目標，這是人格典範的一種很
普遍的型態，是將自我的人生意義定位在社會的需求之中。例如：讓自
己的才智足堪某個官職、讓自己的行誼符合鄉里的典範、讓自己的品德
修養能配合君王用人之需，而終於取信於全國百官百姓。而這類人物也
正以此作為自我期許的最高目標，將自己生命存在的意義放在社會的需
求之中，使自己成為社會中的理想人格，並以此沾沾自喜。

　　　故夫知效一官，行比一鄉，德合一君，而徵一國者，其自視
　　也亦若此矣。

　　這種社會理想人格並非不好，問題在於他們把它當成了人生的最終
目的，而緊守在此，甚而志得意滿，或是輕視、斥責別人，這才是問題
所在。莊子要追求一個超越的嚮往，所以對於社會的需求只會配合配合
而已——「為善無近名為惡無近刑」，人生的目標還在於更高遠的意境
上。

　　接下來莊子說了人生境界的更上一層：這種「社會理想人格的境界」
在道家人物宋榮子的心目中看來仍有不足取法之處，因此仍予輕視地取
笑著。他對於世俗禮法並不給予絕對的肯定，他自有自己的行為道理，
當他的行為恰好合於世俗所需而博得世人之稱譽時，他的內心並不會怦
然欣喜，因為這種稱譽所代表的價值標準並不是他所要追求的；又當他
自己的行為模式恰好違背了社會禮俗的標準因而受到世人的譴責時，他
的內心也不會懊喪悔恨，因為他被譴責的價值標準本就不是他要遵循的
生活目標。他對自己人生意義的定位自有一套內心生活的原則，以致有
他自己的外在行為模式。透徹地察照世人的榮譽悔侮之情緒的根本意
義，這就是道家的自然人格之寫照。但是宋榮子的境界也就到此而已
了，他作到的只是在心理上持守了道家的社會價值觀，他對於世俗價值
固然不會汲汲營營，但在心性、身體、智慧的更高級道家修養功夫上，

還是有些不到家的地方。

　　而宋榮子猶然笑之，且舉世而譽之而不加勸，舉世而非之而
　　不加沮，定乎內外之分，辯乎榮辱之竟，斯已矣。彼其於世未數
　　數然也，雖然，猶有未樹也。

　　宋榮子不到家的地方是在於：他只是在知識上、觀念上化除了人為
造作的心理，但是向自然取法的功夫他尚未開始呢！所以莊子又藉另一
位道家人物──列子──以表出更高一層的人物境界。

　　莊子說：古代有位叫列子的道家人物，他不只化除了追求社會人文
活動的心理需求，他根本就把全部精神只放在自然事物的效法學習上，
由於他有養生鍛鍊的功夫，所以他能運用自然的力量，「御風而行」，輕
便巧妙，一去半月才回，這就是他把社會性的生活需求完全斷除之後，
他的生命存在的意義只放在自然中來定位，他根本就成了一個自然人。
人們心中的生活幸福之感對他而言毫無意義，他只是一個自然意義的生
存者，完全投入大自然的律動之內，因此也就學會了這種駕馭自然的功
夫。只不過，透過配合自然律動「與物為一」的功夫鍛鍊，雖然可以讓
他「御風而行」，卻仍是受限於自然物的律則，他的高明境界的表現仍依
賴於所御之風。

　　夫列子御風而行，泠然善也，旬有五日而後反，彼於致福者
　　未數數然也。此雖免乎行，猶有所待者也。

　　所以，最後莊子還要說出他心目中的最高意境。他認為：道家境界
的最高明人物，並不依賴任何外在對象，他們胸中的智慧已完全掌握天
地、自然、社會、人世的根本意義，在智慧上「道通為一」，在境界上
「齊萬物為一」、「通天下一氣」，所以胸中灑落、身心安然、行止逍遙，
他們在精神境界上悠遊於天地的正理，法道自然，在行止上隨順陰陽風

雨晦明的自然律動而不為所動，所以在境界上等於與造化同遊，那他們
還有什麼好掛累的呢？所以說：「至人」的胸中，沒有任何自我堅持的
爭逐意識；「神人」的行止，化育萬物而不為己功；「聖人」的居位，
國泰民安而百姓不知有之。

　　　若夫乘天地之正，而御六氣之辯，以遊無窮者，彼且惡乎待
哉？故曰：「至人無己，神人無功，聖人無名。」

　　莊子在說明他的最高境界的人物「名稱」的時候，常常是隨著討論
角度的不同而使用不同的稱謂，而這些不同的型態與稱謂則共同構成莊
子心中的最高境界的完美人格之型態。當他使用「至人」的時候，討論
的多半是最高境界者的「身心鍛鍊」的問題，這與〈大宗師〉文中的
「真人」一名較相似；使用「神人」的時候，討論的多半是早已離開人間
社會而生活在理想的國度中的人物，說明他們所具有的超越凡人知能的
本事，及主導天地陰陽變化的功夫；當莊子使用「聖人」之名的時候，
義涵是較為全面的，但有時則側重討論高境界者從事於政治工作時的角
色扮演。所以，四個名稱其實同指最高境界者，不過從功夫修養的角度
說時，多會以「真人、至人」稱之；從政治操作的角度說時，多會以
「聖人」說之；從遠離人間的出神入化的角度說時，則多以「神人」說
之。統而言之，都是莊子說最高境界之人物的不同稱謂。

　　總之，莊子所指出的四種人物境界的層層上比，是從仍具儒家性格
的「理想的社會人格」，到初嘗道家心理功夫、價值觀念的「自然人
格」，再到鍛鍊道家身體功能的「自然人」，最後到最高境界的「至人、
神人、聖人」。莊子提出這些各有差別的人格境界，就是要讓世人藉以作
為認識自己以便超越自己的標竿。

堯讓天下於許由

——儒道價值觀的對比

　　對於道家所標舉的理想人格，最具挑戰性的莫過儒家淑世理想中的聖王人格，在儒家學者的歌頌下，古代的帝堯正是儒家理想人格的典範。就算前文「層層上比的四層境界」中的第一種「國家社會中的模範人格」不足以與道家人物相較，那麼以古代聖王典範與之相較又將如何呢？莊子便編織了一個故事來說這個觀念，故事中藉著堯與許由的對話來討論這個問題，而對話的結果，當然不是代表儒家聖王的堯將代表道家人格的許由給比下去，而是「堯將讓天下於許由而許由不受」。這個對比實在是太強烈了，已進至聖王理想之境界的堯，當他見到含藏道家德性的許由，深為欽羨，覺得自己在國君崗位上的一切努力辛勞所達的成果，都不如交由許由來做會做得更好，於是覺得自己所占據的帝位簡直是「尸位素餐」，所以非常誠懇地希望請許由來接管帝位，沒想到許由不願接受，並認為堯在帝位上的辛勞成果已經相當地好了，而且堯這個人本就應該扮演君王的角色，如果許由來擔任，那只是「越俎代庖」。這就是表示：莊子所追求的高境界之人，對於「得天下」毫無興趣，而追求「得天下」的「儒家聖王境界」是不如追求「與天地造化同其逍遙」的「道家人物境界」的。

　　莊子說道：帝堯想將他的帝位讓給許由，由許由來掌管天下事務，堯對許由說，當我見到了您，就像小燭火見到了日月之光芒一樣，小火燭想要和太陽月亮較競光亮，那不是太難了嗎！這也就像滂沱的大雨下來了，草木農作皆受其澤，如果還想要拿著罐子一瓢瓢地澆水，那豈不是多此一舉嗎！我見到夫子您的德性風範之後，我的內心自然地受到洗滌，我想天下人也都是一樣的，所以我深深覺得，只要先生您肯站出來為天下，則天下一定會被治理得相當好的，既然如此，我還占著這個帝

位幹嘛，我自己覺得慚愧不已，這個天下還是請您來擔當吧！

　　堯讓天下於許由曰：「日月出矣而爝火不息，其於光也，不亦難乎！時雨降矣而猶浸灌，其於澤也，不亦勞乎！夫子立而天下治，而我猶尸之，吾自視缺然，請致天下。」

　　這是堯的想法，堯不愧是儒家的聖王，一心為民而不戀棧權位。其實在堯的人格風範中，天下就已經治理得很好了，堯才是扮演這個角色的最佳人選，但因為堯的無私，當他見到許由的道家人格那樣地自然真實而有震撼力量的時候，堯覺得許由更能將國家治理好，而自己則更顯得渺小，所以將讓天下。堯對許由的這種感受，正是莊子想要強調的自然人格的震撼力量，這是一種更高於「為天下」的「自然無為」之心境，堯對此是欽賞的，所以打算將他所認為的最好東西交給許由，然而堯卻想錯了，想得不夠深入，堯為許由傾倒但卻不了解許由。

　　許由的想法是什麼呢？許由說：治天下是你的職責，而你也已經把天下治理得很好了，現在誰來做都會很輕鬆了，你現在要我來代你之職，讓我輕易地享受能夠將天下治理好的美名，難道我是喜愛這個能治天下的美名嗎？美名既然只是名聲，名聲只是真實努力之後的表面象徵，難道要我去追求這個外在的表象嗎？我所要追求的不過就是真真實實的生活而已，我所需要的不過就是棲息溫飽而已。再會築巢的小鳥，當牠到最濃密的森林中，牠也只需要一根樹枝來築巢而已，再喜歡喝水的小動物，當你給牠整條河的時候，牠也只能喝到脹滿肚子而已，我要的只是一個樸樸實實、自自然然的生活，把你的君王之位拿回去吧，這個能統治天下的帝位對我毫無用處，我要是拿了你的帝位那可真是「越俎代庖」了。

　　許由曰：「子治天下，天下既已治也。而我猶代子，吾將為名乎？名者實之賓也。吾將為賓乎？鷦鷯巢於深林，不過一枝；

偃鼠飲河，不過滿腹。歸休乎君，予無所用天下為！庖人雖不治
庖，尸祝不越樽俎而代之矣。」

　　儒家的最高境界人物會嚮往道家的最高境界人物，道家卻對儒家視
以為珍貴者不屑一顧，這就是莊子對這個問題的態度。當然，這是站在
道家的立場發言的，至於為什麼道家的人格境界會有震撼力量而為人所
傾心信任呢？莊子在〈德充符〉這篇文章中講「全德」、「才全德不形」
的觀念便是在說明這個道理，我們屆時再作說明。另外，為什麼具有道
家的人格典範者對於政治上的權位會沒有興趣呢？這就是一個大問題
了，這也是莊子的政治哲學上的觀念，簡單地說，在直接要與天地精神
往來的道家人物心中，對於人間社會活動中的價值標的當然是沒有興趣
的，他們心中的天地精神只是一個自適逍遙的造化之本體，所以他們在
人世間的活動便只求與自然齊一，因而拒絕進入世俗社會的紛爭中，這
些觀念在莊子的其他文章中將不斷地出現、討論與說明，而最後一篇
〈應帝王〉的文章中，便將對此一問題作出總結。

藐姑射山有神人居焉
──道家最高境界的人物

　　「道家對儒家視以為珍貴者不屑一顧」，是的，這是莊子的態度，但
是，憑什麼？為什麼？自然人格只是對人世的無所用心吧？是棄百姓於
不顧的自私心理吧？這是有力的追問，莊子必須回應，在這裡，莊子便
先從「神人境界」的真實內涵來回應。
　　莊子又要講故事了。故事中的「肩吾」先生抱著疑惑的心情去求教
於一位道家的長者「連叔」先生，因為他聽了一位道家人物「接輿」說
的一些話，很不中聽，因為根本沒聽過世上還有這種事，所以肩吾充滿

疑惑，這也難怪，接輿這個人在道家人物中本就以狂傲著稱，莊子有時稱其為「狂接輿」，他的發言，當然會讓人受不了，不過這正是莊子的用意，就是必須衝決網羅地說出一些讓一般人受不了的話，這樣才能把問題舖陳清楚，於是藉著連叔的解說，莊子再次地把道家追求之境界的具體風貌明白陳述。

　　肩吾說：我聽到接輿講的一些話，誇張而不真實，臭蓋起來沒完沒了，他講的事情聽了怪嚇人的，那些事情好像天上的銀河般地遙遠無邊，他卻說得好像就會發生在眼前，其實根本就和事實相差甚遠，不是我們一般知識中所知道的事情。

　　　肩吾問於連叔曰：「吾聞言於接輿，大而無當，往而不反，
　　吾驚怖其言，猶河漢而無極也，大有逕庭，不近人情焉。」

　　連叔就問說：你說說看他到底說了些什麼！肩吾就引接輿的話說：在遙遠的姑射山上，有一個神人們所居的國土，這些神人，皮膚像冰雪般白皙，行動溫婉輕盈地像未出嫁的少女，他們不靠五穀雜糧維生，只要吸風飲露即可，他們的行動自由無礙又迅速快捷，乘雲氣駕飛龍，飄遊於天地邊緣荒遠之地。他們若要改變或造就任何事情，則只要心念一動精神專注即可達到，例如使人們的農作物不受災害，使五穀雜糧年年豐熟。這就是狂接輿所說的話，也正是讓肩吾無法接受的事情。

　　　連叔曰：「其言謂何哉？」曰：「藐姑射之山，有神人居
　　焉，肌膚若冰雪，淖約若處子。不食五穀，吸風飲露。乘雲氣，
　　御飛龍，而遊乎四海之外。其神凝，使物不疵癘而年穀熟。吾以
　　是狂而不信也。」

　　這個神人的境界的確令人難以置信，但是卻又那麼地令人嚮往。莊子說出這個神人境界的存在，就是要標示出道家哲學追求的人生最終境

界之所在，如果人類的生活世界能有這樣的相貌的話，那麼現實世界中的一切紛爭，便無庸多言、根本無趣、不值一哂！然而這畢竟是世所罕聞之事，而且知或不知、信或不信對人生觀的影響又是那麼地巨大，所以人們在知識的態度上的接不接受就成了關鍵，如果在觀念中本來就沒有這麼一回事，那麼任何人的大費唇舌便都無法改變此人的想法了。

　　連叔聽了肩吾的說法後，他的內心是感慨的，但是他的回答卻是嚴峻而堅定的，連叔說：眼睛瞎了的人沒有辦法看到服飾的鮮豔色彩，耳朵聾了的人沒有辦法聽到鐘鼓樂鳴的美妙之聲，人們豈只是在身體功能上有缺陷，因而看不見、聽不到更美好的事務，人們在知識的能力上也有這種現象呀！我所說的這些話就是在指肩吾你而言，指你因知識上的限制所以沒有辦法理解世上的美好事務。狂接輿所說的這些神人，他們的內心修養之德行，是以「天地萬物皆無分別」為認知的態度，故而在事務的對應上是「道通為一」，而在自我內心的持守上是「胸無雜念」、「冷靜平和」。然而世上的眾人，充滿了價值上的執著、慾望上的不滿，眾人的所作所為根本不是朝向天下太平的路上走去，而是製造混亂而已。所以神人不願涉世，不會跟著天下人瞎瞎忙忙、團團轉轉地掉陷在天下事中。這些神人，沒有任何事物能夠影響他們的安危，即使天下氾濫、大水侵天他們也不會遭溺，即使通天大旱、礦石溶化、山土焦黑也熱不到他們。他們的內心修養境界與身體能力的超越力量，都是世人無法企及的，所以他們之中最普通的人物都能在人間世上成就如堯舜般的事業，因此一般的人間事務他們怎麼會有興趣參與呢！

　　連叔曰：「然。瞽者無以與乎文章之觀，聾者無以與乎鐘鼓之聲，豈唯形骸有聾盲哉！夫知亦有之。是其言也，猶時女也。之人也，之德也，將旁礡萬物以為一，世蘄乎亂，孰弊弊焉以天下為事。之人也，物莫之傷，大浸稽天而不溺，大旱金石流土山焦而不熱。是其塵垢粃糠，將猶陶鑄堯舜者也，孰肯以物為事！」

　　莊子所說的這種神人真有其事嗎？如果根本沒有這種人物，而莊子仍以之為追求的目標，那這豈不是和孔子一樣地「知其不可而為之」嗎？

　　這個問題不應該這麼想，既然莊子以「神人」為人物的理想，不論我們相信其存在與否，爭逐天下的事業在莊子眼中就必然是不屑一顧的事情。當然我們還可以再問，那麼莊子相信有這種神人嗎？莊子見過嗎？莊子文章中的這種神人、真人、至人屢屢出現，且每次都以最高境界者的姿態解答問題、解消爭議，如果說莊子根本就知道沒這回事，這顯然說不過去。那麼真有這種神人嗎？我們不能確定，因為我們沒見過，不過從中國道教發展過程上看來，歷代道教的才智之士都在追求這種神人境界的事實，又讓我們覺得強力地否定似乎也不甚合理。到底世上有無神人？其實我們不需要在這裡解決這個問題，文章中的肩吾也未必就接受了神人存在的事實啊！「藐姑射山之神人」一文的討論重點在於：莊子以具體生動的手法描寫出了道家人物所追求的最高境界人物之樣相，以這樣的境界為目標，再去面對世俗中人所追求的價值，我們便能理解，為什麼道家人物對世俗價值是如此的不屑一顧了。至於神人的真實性問題，我們只能建立一個假說，那就是，至少莊子應該是相信有神人的存在的。

　　「天下大治」的目標真的那麼重要嗎？莊子認為：「世蘄乎亂」，所以，永遠也解決不了。真正能體會造化奧祕之人，當下就豁達了，把人世間的紛爭擾攘讓給有興趣的人去追逐吧！一治一亂衰亂興盛，再怎樣的努力也不是道理的根本，如果我們所期望的是一治之世的來臨，是一個興盛的局面，那麼只要有堯舜那樣的人物就可以了，所以世局的平治不是天地之道的綱常，問題還在人心之迷惘，人心之迷惘在於沒有智慧，所以道家努力於提升人類的智慧心靈。莊子用心於理想境界的說明，期望藉著如此鮮明的對比打動人心，如果成功，不僅人皆可為堯舜，更可皆為藐姑射山之神人哩，那麼，天下的治或不治豈不只是極小的問題了。

越人無用章甫
──世俗價值的錯置

　　道家人物的追求，絕不是人間世界的價值，但是執著於人間世界之價值的人卻總是珍惜愛憐地推己及人，這還是品格高貴的人的做法，像堯讓天下於許由的風範，但是等而下之者卻會擔心別人來搶他的東西，而造成啼笑皆非的結果。道家人物最為為難的，就是難以讓世俗中人領悟大家所求的對象不同，因此既不須獻曝也不須藏匿。「越人斷髮紋身」的故事就是要說明這個道理。

　　莊子說：會做生意的中原人士，想要把中原禮俗中十分重要的服飾衣冠販賣到蠻荒的越國去，不料越國人斷髮紋身，自覺已經很美了，沒有人願意把美麗的身軀用雜物遮蓋起來，所以根本用不著這些東西。這就是「價值感的不同決定了所要的東西也不同」的道理！

　　　宋人資章甫而適諸越，越人斷髮文身，無所用之。

堯喪天下
──儒家聖王的價值失落

　　「治理天下」是一切人間事務中最值得志士仁人投身的偉大事業，甚而為此「無求生以害仁有殺身以成仁」，高潔之士以此事業為終生志業者多有之，在他們的價值世界之中，人間再也沒有別的事情能比這件事情更重要了。然則在道家的眼中看來：潔則潔矣高則非矣！莊子就是要打破這種德性本位的人物對世界根本意義的認識態度。人類世界可以追求

的事務對象，絕不只是天下太平一事而已，人生還有參贊自然奧祕的更深刻事業有待智者投入，所以莊子又藉儒家古聖帝堯的行為與心理來說出此事。

堯在人間事業都達到理想目標之後，百姓豐衣足食，社會上也不再有作姦犯科之事，他也已經不再需要為天下事多煩心了，當這位人間聖王的心靈有了空間，他的聰明才智自然會驅使他再去深思世界的奧祕，但是他自己已經是天下第一等人了，周圍百姓群臣除了感激讚頌協助之外，已經沒有人能夠和他討論更深刻的哲理了，所以他只好到汾水之北的藐姑射山上尋訪傳聞中的四位神人。當帝堯見到神人們的生活意境之後，他內心受到了震撼與感動，久久無法自己，在他如此認真誠意地辛苦努力了一輩子之後，他才驚覺地發現，原來人類的世界還可以追求這樣平和飄逸而逍遙自適的生活，沒有私心、機詐、偽飾的絕對寧靜，根本無需政治上的管束治理。這使得帝堯當下就對自己一生成就的那些豐功偉績覺得興味索然，他的失落感是強烈的，他不僅無法在此處獲得更高的讚美，反而只見到自己的生命型態的意義渺小。他終於能有體會了，如果不是已經品嘗聖王之美名，如果不是他自己確是一位高潔之士不為地位所沈溺，帝堯不會在見到神人的時候受到如此的感動，這是一個什麼樣的畫面呢！這是一個值得深思的畫面呀！莊子就是要人們深思品嘗帝堯的這種心境，這種在面對了更高境界者之後所必然產生的自我價值失落之感慨，從而重新反省生命目的與社會價值的意義。

　　堯治天下之民，平海內之政，往見四子藐姑射之山，汾水之陽，窅然喪其天下焉。

無用之大用

──惠施與莊子的價值辯論

　　帝堯是好樣兒的，能夠接上莊子的入道心靈，但是有頭腦的知識份子就不同了，惠施就是並世最傑出的辯論家，是莊子怎麼樣也說服不了的頭痛人物，所以「惠莊之辯」也正是莊書中在表達道家觀念上最精彩的地方。當莊子講說了這麼許多的境界之別的時候，真正最高明的知識份子便完全領悟，如帝堯；而一般普通的人物也會想嘗試看看，像我們大家。但是那些口齒伶俐且在社會上已經有頭有臉並且正不斷地往上爬升的人五人六們就不同了，他們不但聽不進莊子的神話連篇，還會反過來給以理論上的攻擊，其中更厲害的角色，甚至會以說故事的方式高來高去地調侃莊周先生呢！

　　惠施就是受不了莊子整天誇誇其談、無所事事的調調，認為莊子整天想的都是一些大而無當的事情，自以為了不起其實是「無三小路用」。社會機制的正常運轉就在於一個蘿蔔一個坑，任何人物都有他適當的角色，任何事務都有它一定的貢獻，如果逾越了界限，大而無當、往而不返，那反而是成了無用之人，莊子就是這種人物，所以惠施便以一個大而無用的大瓠來諷刺莊子。

　　惠施在公餘之暇心血來潮，想想該是治治莊周的時候了，便神色恭謹地跑去向莊周請教疑難：我說阿莊啊！日前層峰給了我一些大瓠瓜的種子，我種下後長大結果，那大瓠瓜居然重達五石，把裡頭的東西掏空後，想拿來裝水用，太重了，拿不起來，所以沒辦法當容器，我又把它劈成兩半，想作為水瓢，卻居然伸不進任何缸、桶之中，這瓠瓜並非不夠大，相反的，它其實是太大了，我因為它毫無用處便隨手把它扔碎了。

　　惠子謂莊子曰：「魏王貽我大瓠之種，我樹之成，而實五石，以盛水漿，其堅不能自舉也，剖之以為瓢，則瓠落無所容，非不呺然大也，吾為其無用而掊之。」

　　莊子見招拆招，惠施以「大瓠之大而無當」說他，莊子就以「大瓠之大用」辯回去。莊子說：惠施先生，您顯然只對於一般的事務知道如何處理和使用，對於較特別的事務可就沒什麼本事了。事實上，任何東西都有不只一種以上的用途，端視使用者心靈空間的廣大與否。

　　莊子曰：「夫子固拙於用大矣。」

　　莊子說：宋國有一個地方有一種世代相傳的皮膚藥，塗在手上可免泡水時皮膚會龜裂，宋地人就世世代代一直拿來漂洗絲絮，發展洗絲業。有一個外地來的人，想用百金的酬勞要宋人教他製藥的方法，地方上的族人就召開了一次鄉親會議，都說自己世代堅守洗絲工作，不過賺個溫飽，現在把藥方賣了，可以賺得大錢，還是賣了吧！結果，這個外地人學得了製藥方法後，早想好了這個藥方可以發揮軍事上的用途，便向吳王自薦，趁越國局勢不穩，吳王便讓他帶兵伐越。冬天很冷的時候，吳越兩軍展開水戰，吳軍因塗了不龜手藥，可以完全發揮戰力，遂大敗越軍，吳王遂將戰掠的土地封給他。這個藥方的功能就是不龜手而已，但是有人以之辛苦謀生，有人卻用以裂土封疆。這就是看東西被用在什麼地方的差別！現在您也是一樣，有一個這麼大的大瓠瓜，為什麼只想著裝水、舀水的用途呢？您何不把它掛在腰上當個大酒壺，還可以讓您浮在水上享受江湖之樂呢！現在您老是擔心它伸不進缸裡舀水，我看您的頭腦太死板了吧！心眼太狹小拘束了吧！

　　「宋人有善為不龜手之藥者，世世以洴澼絖為事。客聞之，請買其方百金。聚族而謀曰：『我世世為洴澼絖，不過數金，今一

朝而鬻技百金，請與之。』客得之，以說吳王，越有難，吳王使
之將，冬與越人水戰，大敗越人，裂地而封之。能不龜手一也，
或以封，或不免於洴澼絖，則所用之異也。今子有五石之瓠，何
不慮以為大樽，而浮乎江湖。而憂其瓠落無所容，則夫子猶有蓬
之心也夫！」

　　沒想到阿莊認真起來了，還損了我一句。別以為你把大瓠說成了大
樽就是你贏了，在這個工商繁忙的社會裡，每個人都認真地為討生活而
努力，為服務社會而貢獻自己，誰會像你莊周一樣抱個酒壺跳到水裡去
洗你身上的肥油，你簡直是閒得可以了。惠施對莊子的回答極不相應，
認為莊子講的根本是沒有意義的事，所以就又講了一個沒有用的大樹的
故事，說這棵大樹根本沒有人會要它，也就是說莊周你這個自命不凡的
傢伙，你放心好了，不會有人給你官位做的。
　　惠施對莊周說：我有一棵大樹，叫作樗，大的樹幹又臃腫又彎曲，
沒辦法用繩墨來畫直線以便刨削為棟梁支柱，而小的樹枝也是彎來彎去
沒辦法被尺量出一段有用的木條來做工藝，這棵大樹種在路旁，所有的
工匠看都不看它一眼。我說阿莊啊！你就是那棵沒用的大樹，你說的
話，大而無用，沒人會理你，大家都會反對而走開的。

　　　　惠子謂莊子曰：「吾有大樹，人謂之樗。其大本擁腫而不中
　　　繩墨，其小枝卷曲而不中規矩，立之塗，匠者不顧。今子之言，
　　　大而無用，眾所同去也。」

　　莊子回答說：你知道狸狌這種動物吧，牠很厲害喔，平常趴著身子
躲著，一見經過的獵物，東跳西跳或高飛或低伏，一下就逮到獵物了，
不過人類比牠還厲害，獵人就衝著牠跳來跳去的本事，而設計機關輕而
易舉地活捉死逮牠。另外有犛牛這種大動物，像天上的雲一樣大，但牠
大是夠大了，卻逮不到小老鼠，小事反而不會做了。但是不會做小事就

沒有用了嗎？就像你種的這棵大樹，你在擔心它不能做屋柱、不能做木器，那你何不乾脆把它種到荒郊野外、寸草不生、空無一物之處，讓它成為天地間唯一的一棵大樹，當周圍什麼東西也沒有的時候，它的用處就出現了，你可以無所事事地在樹下閒晃，也可以輕輕鬆鬆地在樹下睡個大覺，沒有人會去砍它，沒有東西會去傷它，有用沒用何須愁苦呢！

　　莊子曰：「子獨不見狸狌乎，卑身而伏，以候敖者，東西跳梁，不辟高下，中於機辟，死於罔罟。今夫斄牛，其大若垂天之雲，此能為大矣，而不能執鼠。今子有大樹，患其無用，何不樹之於無何有之鄉，廣莫之野，彷徨乎無為其側，逍遙乎寢臥其下，不夭斤斧，物無害者。無所可用，安所困苦哉！」

齊物論

〈逍遙遊〉文中莊子提出了「至人、神人、聖人」的生活意境，作為人類生存應該追求的最高理想：「一個逍遙自適的生活境界」。這個境界就是自然本身的運行原理，這個原理也就是「道」，或稱為「造化」。造化本身是多麼地逍遙、多麼地自適、多麼地無目的性，及巧妙地安排了自然界運行的一切，在莊子的觀察中，造化本身無所限制，因此人類在社會生活的觀念上也不應該有太多無謂的堅持。所以要達到「至人、神人、聖人」的境界之前，要先有許多觀念上的認識，認識到這個社會生活的許多要求、原則、禮俗、規範等等都是不必要的堅持，所以人們要在心理上化除這些堅持，如此才能在心境上達到不為外在情境所煩擾的境界，也才可以盡情地追求心靈上的逍遙自適的空間。所以莊子便在〈齊物論〉這篇文章中，說明了認識自然運行原則的方法，以及對於人們整天生活在社會議論的觀念堅持中的不當，作了許多批評，指出人們應以「齊一的胸懷」對待社會上的知識觀念，在面對無可避免的辯論場合時，應有技巧地悠遊在不同的意見脈絡中，而沒有必要和人們爭得面紅耳赤。

從理論上說，莊子在〈齊物論〉一文中，就是要建立一個對「自然運行原理」本身的超越性的論點，「超越性」的意思就是說那個「道」的原理是難以把握的，是一般社會議論的層次無法掌握的，因為「道」只是一個「自然、逍遙、自適、巧妙、無目的的造化安排」，人們要善於體會這個「道」，而且只有對於道的理解才是人間智慧的極致，因此「一般社會議論之知的絕對性」並不存在，所以莊子對「社會知識的絕對性」是徹底否定的。這些理論上的觀點都是〈齊物論〉文中的重點。

如果「否定社會議論的絕對性」是〈齊物論〉文章在理論上要建立的主要觀點的話，那麼這個觀點對於「追求逍遙自適境界」的意義便在於「卸下人類繁重的心理包袱」，從而為追求至人境界打開心理空間。如果這個心理空間打開了，那麼在面對自我的命運及社會生活的需求的時候，人們自然會採取的態度就是一個「安時處順」、「隨順命運」的態度，這就是〈齊物論〉下一篇文章〈養生主〉所要討論的重點。然而在

人們的「安時處順」之餘，總仍有難逃生命困境的時候，因此在面對社會鬥爭的生命安危交相煎迫的時候，人們應如何擁有自保的智慧，這又是再下一篇文章〈人間世〉的重點了。於是我們發現，在莊子點出了「逍遙遊」作為人類生命最終應追求的境界目標之後，接下來的幾篇文章便是從知識理論上、自我生命上、社會生活上等面向來討論應該如何配合以追求這個目標的問題。這其中，就以〈齊物論〉一文最為關鍵，因為〈齊物論〉中的理論是其他觀念的立基點。

　　「否定社會議論的絕對性」就是否定戰國時代百家爭鳴的所有議論，莊子的氣魄實在太大了，莊子對於戰國百家的議論紛紜，雖然都不贊成，但卻不正面反對任何一家的理論，反而是從知識的絕對性問題下手，對於所有的社會議論在理論的建構上瓦解它們的絕對性。我們可以發表議論，但永遠要理解議論總有一個觀念上已經預設好了的出發點，總有一個特定的發言角度，所以永遠不能無限地擴散這個觀點的適用範圍，當所有的議論都守在一定範圍內使用之時，它們是有效的，可惜的是，所有的理論家們、辯士們、知識份子們，在辛勤地鑽研出了任何自以為極端寶貴的觀念之後，都是大肆吹噓、無窮擴散、任意解釋，都是無限地普遍化了他的小小觀點，而同時也就必然地弄死了他的觀點。

　　任何的社會議論都不能有適用上的絕對性，如果我們的心胸寬廣，沒有任何意識型態上的堅持的話，我們都可以相當充分地理解任何觀點的有用性，並進而欣賞這些觀點的智慧型態，當然也同時清楚地知道這些觀點的適用限制，然而世人心胸多不開朗，有了一點什麼就要鑽牛角尖，得了一點經驗智慧就要無限地推演，於是理論市場中充滿了排斥他人觀點的絕對性意見，有我無你，要不就辯個你死我活，於是生命的精彩就被這種心理的糾結給遮蓋了，於是心胸愈來愈窄，境界愈來愈小，距離自然的逍遙也愈加地遙遠了。

　　「破除社會議論的絕對性」是莊子為知識份子解開心靈桎梏的方法，說明「自然整全的原理的超越性」是〈齊物論〉理論的重點，建立「以自然齊一的胸懷對待觀念的紛紜」是論說「齊物」論點的根本心靈。當

我們確定了以「徹底否定社會議論的絕對性」來界定〈齊物論〉的宗旨時，接下來的〈養生主〉一文便是說明「社會生活的基本態度應該是安時處順」的觀點，再下來的〈人間世〉則要討論「在不得不應對於世俗鬥爭時應有的自保的智慧」。

「喪我」與「天籟」
——撤銷主體以達至與天為一的功夫

〈齊物論〉一開始莊子先講了一個故事，故事中的主人翁是一個道家人物，這個道家的男主角先做了一個「動作」，然後說了一段「比喻」，這個「動作」和這個「比喻」對於〈齊物論〉裡重要的觀念論述有開場白的暖場作用，這個動作可以取名為「吾喪我的功夫」，這個比喻的談話可以取名為「天籟之聲」。天籟本身只是「風」，使用上以風之「自然且無聲」而言，比喻上則為說明「道之無名」而言。

做「吾喪我的功夫」就是要讓「天籟之聲」出現，「天籟之聲」的出現，就是要引出「超越性的道」的出現，認識「超越性的道」就是認識人類生存要追求的最高境界的根本原理。「道」有超越性，所以不易認識，之所以不易認識，因為人類心靈有執著、有糾結，所以要先在心理上做功夫，就是這個「吾喪我的功夫」，然後才能領會這個「天籟」，然後才能認識這個「道」。

「吾喪我」，把我自己主觀的一切觀念、意見、情緒、感受都予以化解摒棄，讓「自己」不出現，如果自己不跑出來，那麼自然的天籟便生龍活現地在鼓盪，功夫做到極致，「天籟」自動呈現，體貼它、把握它就進入了「道的超越性」之中，在「道的超越的境界中」便理解了「地籟、人籟」的來來去去是多麼急躁、多麼緊張、多麼激動卻多麼地不根本性，社會議論就是這些地籟、人籟，在一定的限制性的管道、眼光中

發出的議論，聆聽它、欣賞它，但要超越它，讓自我的心靈澄淨下來，齊平地觀賞議論的流動，這便是整篇〈齊物論〉文章的論說理路。

　　莊子的故事是這樣開始的。南郭老師靠著講桌坐著，也不看人，也不講課，仰頭向天，吐氣吹噓，除了人還活著以外，就只剩一副魂不守舍的軀殼，一點兒也沒有做老師的風範，他的學生顏成子游站在旁邊伺候著，覺得很奇怪，說：老師您怎麼啦！就算人的身體累得不能動彈，也不能外面的事兒一點都不管呀！老師您今天在臺上的樣子和以前完全都不一樣喔！南郭老師聽了學生的發問，內心怡然，他的刺激教學法終於有了切中的回應，總算給他找到了發言的起點：我說子游啊，你很不錯喔！還會問出這樣的問題。

　　　　南郭子綦隱机而坐，仰天而噓，荅焉似喪其耦。顏成子游立
　　侍乎前，曰：「何居乎？形固可使如槁木，而心固可使如死灰
　　乎？今之隱机者，非昔之隱机者也。」子綦曰：「偃，不亦善
　　乎，而問之也！

　　其實我是故意在做一種功夫來教你們，我有意地將自己的理性活動完全終止，不使自己運用一般的知識來和各位講述這一堂課，因為以前和各位上的國文、歷史、地理、物理、化學、生物、健教、英文、數學、公民、主義等等課程，都是社會生活中所需的一般知識，但是我今天要講的是一個對待知識的態度，是一個關於知識之所以為知識的根本原理，所以我不再提醒大家要安靜地坐著注意聽我所說的東西，因為我今天不打算增加你們任何的知識，我今天要來培養你們一種認識的胸懷，所以我需要你們和我一起進入一種心境當中，一種心中沒有什麼掛心、沒有什麼堅持的輕鬆感之中，所以我要先表現出這種放下一切的形象，連這個「師道尊嚴」的形象也要先放下，我放下，你們也放下，大家都把心靈放自由了來，然後我們才來講課。

　　南郭老師是這樣說的：你知道嗎！剛才我已經先把我自己的所有的

理性活動都放在一旁了，一般的理性知識是無法認識超越性的道的智慧
的，就像你們平常聽過絲竹管樂之聲，卻未必會去注意大自然的各種風
聲，就算聆賞了大自然的風聲，卻未必會領會自然本身的無聲而有聲的
道理。

今者吾喪我，女知之乎？女聞人籟而未聞地籟，女聞地籟而
未聞天籟夫！」

「人籟」是人為製作的樂聲，「地籟」是風吹萬物的自然之聲，「天
籟」相對於「人籟」和「地籟」，則指的是造化本身的聲音，是使得人籟
與地籟能夠出現的聲音的原理，這個聲音的原理本身無聲，因為它只是
風，風是無聲的，所有的風聲都是通過管竅才產生的，所以才有自然界
與人為世界的聲音，多彩多姿，彼此交響。於是道家的智者便以這個
「無聲的天籟」來指出社會議論的根本，即道或造化本身。如果我們能領
會聲音的發聲原理與聲音的關係，那麼我們就可以知道「社會議論」與
「它的來源的根本之道」的關係了。

社會議論眾說紛紜，各不相讓，成為知識界的痛苦的深淵，莊子期
望為其解脫桎梏，所以要引導世人思考社會議論的根本性問題，所以藉
著南郭子綦指出「天籟之聲」來比喻這個議論的根本，來指向一切理論
的根源，來說明那個真正的「道」本身應該是如何的。所以接下來南郭
子綦便要教導顏成子游如何來認識「天籟」。

莊子對天籟的解說是這樣的：子游問道，可不可以請老師說明要如
何來聽聞「天籟」呢？南郭老師說：「風」是自然界的氣息鼓盪，不起
則已，大風一起則所有自然界的草木土石都成了發音的樂器，各自發出
自己驕傲的樂章，然而即便如此，我們聽到的仍然不是長風飄飄的本
音，風自己是無聲的。那些山林高高低低起起伏伏的走勢成了風聲的發
音器，那些樹木粗粗細細的外表，大大小小的凹洞也成了發聲的樂器，
它們以各種不同的材質形狀產生了各種不同型態的聲音，當風吹過這個

那個的發音器時，這些聲音則前後相隨不已，形成了有章節的樂音，風輕起時樂音小和，大風來時便像大奏樂，一旦大風止息，任何那些本來恣意發聲的草木百物都成了無聲的廢物，再也看不到當它們被風吹動時演奏樂章的曼妙美姿了。

> 子游曰：「敢問其方。」子綦曰：「夫大塊噫氣，其名為風，是唯無作，作則萬竅怒呺，而獨不聞之翏翏乎？山林之畏佳，大木百圍之竅穴，似鼻、似口、似耳、似枅、似圈、似臼、似洼者、似污者；激者、謞者、叱者、吸者、叫者、譹者、宎者、咬者，前者唱于而隨者唱喁。泠風則小和，飄風則大和，厲風濟則眾竅為虛。而獨不見之調調、之刁刁乎？」

子游接著問說：「地籟」是山勢草木所形成的自然竅穴所成的風聲，「人籟」是各種樂器所成的樂音，那「天籟」是什麼呢？南郭子綦答道：吹風一起，什麼東西都被吹到了，至於發出什麼聲音，那都是各種竅穴自己的形狀材質所造成的，天籟是不管這些事的，天籟才不會有意規定它們要發出什麼聲音呢。天籟其實就是自然無聲的風而已呀。

> 子游曰：「地籟則眾竅是已，人籟則比竹是已，敢問天籟？」
> 子綦曰：「夫吹萬不同，而使其自己也，咸其自取，怒者其誰邪！」

風本身無聲，有聲是竅穴的自取，使這些竅穴能隨其形貌而自取其聲的是誰呢？那當然還是自然的風氣之飄動了。但是我們永遠要記住，風氣之動本身沒有聲音，所以會有風聲以及所發出的各種不同的風聲，都是山陵之勢、木穴之竅之所為，然而自然之風氣仍是「人籟」、「地籟」的根本。既然使聲音出現的根本原理本身是無聲的，也就是說這個自然本身的聲音只是無聲的風，所以這個「天籟所喻的道」，這個造成一切社

會議論的根本的造化本身，它也就只是一個自適的道，不可規定，無從封限，這就是莊子「天籟之喻」的重點。

如果這個社會因為人們生活在其中的需求，因而發出了各種不同的議論，那麼這些議論也都並不是這個社會存在的根本原理，這個社會存在的根本原理只是如此真實、輕鬆、逍遙地存在著而已，人類在自然界中的生存活動也可以是這麼地真實、輕鬆、逍遙，然而人們卻因為自以為是的生存需求，構造了許多的觀念規範來自我限制又限制他人，多麼地束縛、多麼地桎梏、多麼地痛苦。莊子在〈齊物論〉這篇文章中便要展開一場滔滔雄辯，企圖讓所有人為構造的社會議論從此杜口，讓世人們重新體會「與自然為友的逍遙自適」。經過了南郭子綦的「天籟之喻」後，繁密的辯證從此開啟。

近死之心莫使復陽
——知識份子在理論戰場上的宿命

莊子論辯「世俗議論不真」的第一件工作，不是在理論上構作，而是在心態上批判。批判爭逐在理論辯證的觀念市場中的知識份子，批判他們的汲汲營營、擔心受怕、好勝好強的心態處境。追求真理至道的人，應該有一種舒適愉悅的心境，因為自然的奧祕本也是如此的逍遙自適，莊子觀念中的「道」就是一個「逍遙自適無目的有巧妙的造化安排」，因此體貼了這個最高真理的知識份子就應該在生活中體現一種自在輕鬆的情懷，但是我們看看戰國時代奔走呼號的知識份子、說客們，哪一個不是好強雄辯、勾心鬥角、損人害己、彼此傷害呢？哪一個人物展現了自得其樂的寧靜舒適之胸懷呢？所以他們從生活情調上就已經悖道甚遠了。所以莊子在進行理論上的否定世俗議論之前，要先在生活情調上予以辛辣的諷刺，那些在理念的戰場上耗盡心神、消亡精力的人們，

真是人間最悲哀的人，口口聲聲追求真理，其實正是距離真理最為遙遠的人物哩。這就是知識份子將一生的精力消耗在理論戰場上的悲哀命運。

　　莊子說：請看！這些知名的人物們是怎樣生活的。那些知識豐富學問淵博的成名的辯士們，他們在顯露知識的態度上是一副從容華貴的氣質，自恃地如萬民之宗師一般，而學得一些觀念的後輩們在展露所學所知的時候，則氣盛於理，也是一副得理不饒人的模樣，好像他明天也就是大宗師了。那些發表關係天下安危的宏觀見解的論師們，一講起話來就是氣勢非凡，人人都應洗耳恭聽，那些為大論師舖陳論點補充注腳的小論師們，當他們在認真地詮釋的時候，言語刁鑽、語氣急迫，深恐人們不知道他就是大宗師的嫡傳詮釋者似地。然而不論是大宗師還是小論師，他們終日生活在議論的緊張中，即使是睡著了，靈魂也不安穩，在夢中仍在喋喋交戰，一覺醒來之後則更將全副精神體力用在爭辯事業上，反正任何在理論上有所發表的人物，只要有所接觸就都是自己的論敵，日日用心在觀念的鬥爭上。而隨著個性型態的不同，有的人是故意裝作軟弱客氣的樣子，有的人則習於設計陷害，有的人則長於隱藏機心。然而不管是哪一種類型的論師，當他們陷於日與人鬥的情境中時，其實他們的內心極為恐慌，生怕自己在觀念的市場上被人淘汰，恐懼症狀小的人，也許只表現出憂愁的樣子，情況嚴重的人，可能根本就變成了一副失魂落魄的模樣了。

　　　　大知閑閑，小知閒閒；大言炎炎，小言詹詹。其寐也魂交，
　　其覺也形開，與接為構，日以心鬥。縵者、窖者、密者。小恐惴
　　惴，大恐縵縵。

　　莊子又說：當他們披甲上陣的時候，他們又都是一副全力以赴的樣子，一旦抓住了別人的弱點，而予以攻擊的時候，他咄咄逼人的氣勢就像箭矢一般地連環疾射，好像自己正是正義的化身，理論的爭辯簡直就

是道德是非的捍衛，豈可輕忽。然而當對方論點中的破綻尚未出現，雖然不贊同其觀點，但若尚未有一舉殲滅之條件，便不動聲色，毫不顯示企圖，好像履行生死誓約般地莊嚴，其實只是在等待勝利條件的成熟而已。然而當我們從外面看他們的時候，由於這種工作的耗費心神，勝負之間利害關係太大，每次的爭辯都好像走過了一回生死，所以對生命的耗損是很吃重的。然而這種激烈的、強烈的、受人注目的、利害關係嚴重的議論事業，它又像吃嗎啡一樣地易於使人上癮，一群群的人五人六們一波波地投入其中，要他們別再這樣了他們是聽不進去的，因為那份「司是非」的榮譽感，幾乎是知識份子無可逃脫的天刑、無力拒絕的誘惑。於是就在這種日復一日、年復一年的論戰中，當他們真的元神耗盡，無力再披掛上陣的時候，就表示他們的生命力量已經提早枯竭了，已經沒有第二春了，好像沒人理會的那些從權力場上敗下陣來的過氣人物一般，自己也找不出新的生活目標了，因為他們所有的人生的意義似乎都還留在那鑼鼓喧天的戰場上呢。

　　　其發若機栝，其司是非之謂也；其留如詛盟，其守勝之謂
　　也；其殺若秋冬，以言其日消也；其溺之所為之，不可使復之
　　也；其厭也如緘，以言其老洫也；近死之心，莫使復陽也。

　　這些人物們的生命重心永遠是隨著議論而打轉的，然而議論本身也是變化萬千的，一下子這個主張被接受，一下子那個主張又出來，根本沒有理性規範的可能，都是一種市場的現象，人們既然沒有足夠的聰明而予前知，卻還要不斷投入，那麼到底下一步該主張什麼否定什麼，恐怕連這種判斷也做不好呢！
　　莊子說：議論場上的人物之情緒的確是隨著議論市場的變動而波動著的，或歡喜、或發怒、或哀傷、或快樂、或憂慮哀嘆而顯得惶惶不安、或輕佻放縱而顯得興奮過度，這些情緒都是很不定的，忽而來了，一下子又消失得無影無蹤了，因為這些都是被決定的，就像樂音趣入虛

空、細菌悶熱而生，都需等待他人它物才能有自己暫時的存在性。

　　喜怒哀樂，慮歎變慹，姚佚啟態；樂出虛，蒸成菌。

　　莊子說：這些觀念的來去所帶動的情緒變化，日日夜夜迭變不已，身在其中者自己也不知道是什麼樣的更大的力量在決定著世人的喜好，奇怪呀！不解呀！不管了。反正看風吧！現在掌握到了理論市場上的風向，就緊緊地跟進，就當下把這個準確感當作真相吧。其實，統統都不是真相。我們所認為的真相都是別人的意志，而沒有我們的探索，則別人的意志也沒有機會成為有理論根據的真理，真相都是你、我、他、我們眾人的自我肯定的產品而已，既然是大家彼此影響下的產物，那也就沒有任何人能獨立地決定，因此也就不知道到底它是怎樣被決定的。

　　日夜相代乎前，而莫知其所萌。已乎，已乎！旦暮得此，其所由以生乎！非彼無我，非我無所取。是亦近矣，而不知其所為使。

　　總以為有一個最高的道理可以掌握，也總以為自己已經掌握到了，其實，真正掌握了最高的道理的人，是不會去和世人辯論的，因為最高道理本身對所有的議論是無所分別的，人們在有所分別的人間議論上爭辯誰掌握了真理，這就已經表示人們所掌握的都不是最高的道理。
　　莊子說：所有的理論工作者都將自己的觀點宣稱為最高真理的掌握，然而最高的真理卻不易把握，所以理論市場上的議論發表者基本上都沒有真正描寫到最高真理的形象，這個最高真理即道，道是真實存在的，大家都知道有的，但是它的自身卻沒有任何具體的顯露，因此我們任何人也無法以具體的形象、觀念、意見來把握它，它是有其真實卻無其形象的。

> 若有真宰，而特不得其朕。可行已信，而不見其形，有情而
> 無形。

　　道其實是遍在萬物的，萬物是它的具體展現，但它自己不以物的形
象存在，它是萬物的存在原理。如果我們以人身整體來做比喻的話，身
體是道，器官是議論。身體和器官的關係就像道和議論的關係。人們通
常因為掌握不住整體與單一的關係，所以常常亂發議論，對於這種現
象，莊子比喻道：所有的骨節、所有的竅孔、所有的臟腑全部完備整齊
地在於一人之身中，那麼哪一個部位才是人身的主宰呢？我們應該更親
近哪一個部位呢？還是每一個部位都是重要的都應該親愛呢？有沒有特
別應該超越其他部位而要予以更加地私愛的呢？還是每一個部位都是被
主宰的對象呢？如果每一個部位都是被主宰的，那不就沒有任何一個部
位可以主宰其他的部位了嗎？可是仍然應該有主宰呀？還是說不同的部
位彼此輪流做整個人身的主宰呢？唉！真難理解，一個整體的人可以運
作自如，就表示一定有一個人身的主宰，到底主宰在哪裡呢？

> 百骸、九竅、六藏，賅而存焉，吾誰與為親？汝皆說之乎？
> 其有私焉？如是皆有為臣妾乎？其臣妾不足以相治乎？其遞相為
> 君臣乎？其有真君存焉？

　　錯了！錯了！這樣的思考方式都是錯誤的，道是不能夠落實在萬物
中的哪一個特別事物中來認識的，道是整體天地萬物的一個統合性原
理，那些社會議論的發表者，基本上都是在一些有限的事實上建立普遍
的理論，這都是對道的把握的錯誤方式，就像在一個人的身體上的某一
個部位來尋找他的生命的精神，這都是錯誤的做法。精神和身體是二而
一的整體，精神就在於整全的身體中的所有器官，每一個器官都重要，
但身體與精神的活動不是依賴某一個器官就能運作的。議論，每一個都
是道，但道都不只是這一個。

　　方法錯了，真理跑掉了；方法對了，真理掌握到了。莊子說：無論人間議論掌握到了真理與否都仍無損其真。

　　　　如求得其情與不得，無益損乎其真。

　　人們一旦掌握到了什麼，沒有不緊緊守住並用以攻擊別人的，一旦攻擊，戰爭便永無止息，一生都耗在這些事情上了，多麼悲哀，他們卻還不自覺呢！

　　莊子說：人們一旦觀點出現、立場擺明，所有的知識份子都無不為維護觀點而征戰沙場至死方休，他們一天到晚和別人的觀念交相斥責，纏鬥廝殺，電話一來、會議一來立刻前往，工作效率奇高，任何生活上的瑣事都被排除掉，一心一意只為維護理論而戰，什麼事也阻擋不了。您說這不悲哀嗎！一輩子辛勞，其實卻不可能成功，辛苦疲憊得要死，卻無法想像理論的建構最後會發展到什麼樣的地步，悲哀極了。他們在任何範圍內的理論市場上占有了發言權，使得人們不得不認知到他們存在的事實，但是這又怎樣呢？有什麼用呢？理論走到死胡同了，內心的世界也跟著賠進去了，生命中還有什麼有趣味的事情嗎？沒有，這才是真正的最大的悲哀之事呢。

　　　　一受其成形，不亡以待盡，與物相刃相靡，其行盡如馳，而
　　莫之能止，不亦悲乎！終身役役而不見其成功，苶然疲役而不知
　　其所歸，可不哀邪！人謂之不死，奚益！其形化，其心與之然，
　　可不謂大哀乎？

　　這些生活在自己的成見之中的人們，都是一些無中生有的人，他們以無為有，任誰也救不了了。

　　莊子說：人類的生命是不是注定了都是這麼盲目可憐呢？還是只有我們眼前所見的這些知識份子們是如此盲目可憐呢？是不是有些特別的

人物不是這麼地盲目呢？

> 人之生也，固若是芒乎？其我獨芒，而人亦有不芒者乎？

　　莊子說：人們都是以自己的先見之明──其實是成見而已──來看待事務，從而建立理論，並自以為是客觀的知識，然後便來教學與學習。如果所謂的理論建構就是這麼一回事，那麼誰不能建立理論、成為大師、聚眾講學呢？何必一定只是這些在知識上自以為是、自製產品的知識份子們才能夠成為大師呢？任何一個平民百姓啥都不知的蠢人也可以成為大師呀！因為只要他能有所主張、有所堅持就可以了。不過我們要注意的是：這種在問題還沒有釐清之前就已經有了是非對錯之堅持判斷的做法，是倒果為因、本末倒置的做法，就像說今天要前往南邊的越地，卻又堅持自己在昨天已經到達了一樣。這都是以莫須有之事為真實。如果根本不存在的事情也可以被這樣地堅持認同，那麼就算是神仙大匠也沒有辦法體貼他的智慧，沒有辦法辨認出他到底主張了什麼，因為他的思維是一團混亂、毫無章法可言的，既然神仙也解不開他的桎梏，那我們這些同時代的理論工作者又能怎樣勸服他呢？算了吧！

> 夫隨其成心而師之，誰獨且無師乎？奚必知代而心自取者有
> 之？愚者與有焉。未成乎心而有是非，是今日適越而昔至也，是
> 以無有為有。無有為有，雖有神禹，且不能知，吾獨且奈何哉！

　　莊子一口氣不停，連珠炮似地刺諷著爭逐於社會競爭場所中的知識份子，將他們生活景象中不為人知的辛酸悲哀面予以揭露，讓他們警醒到：自己以為珍貴的社會地位原來是如此地悖離生活的真理，讓他們直視自己的卑憐命運，讓追求真正的生活意義的人們將方向轉變，重新尋求生命的意義，重新定位知識的用途，重新評價理論的意義與言說的作用。於是接下來，莊子便要指出在認識活動中的真理之路應該是如何

的，這就是隨後要提出的「以明」、「因是」與「道樞」三個認識心法的緣由。

「以明」、「因是」、「道樞」
——識道之心法

　　道是存在的真相，道是理論的根源，道是自由的智慧靈動。社會議論中的爭競攻擊排斥是悖道之舉，那麼如何識道呢？如何在知識的擷取、觀念的產生、理論的建構活動中保持「與道冥合」的親切認知呢？這是需要「識道之方」的，莊子在下文中提出了三種基本的「識道之方」的工作觀念：「以明」、「因是」與「道樞」，我們稱之為「識道之心法」。意指在知識性、理論性的活動中，要有一個合道的心靈來主導，是一種在主體中的心靈，它決定對知識的使用態度，使得知識或理論的使用意義，以認知主體所持用的態度為最終歸向。

　　莊子說：我們生活中的語言使用是要表意的，發表觀念的人是有意地說一些話來產生一定的影響。然而發言者雖然有一定的意思表達，但是這種發言其實並沒有掌握最終的真理，都是浮光掠影地立於片面的堅持上而有其所言者，所以這些發言的內容本身都不是絕對確定的東西。既然所講的都是一些不絕對、不終竟的話，那這些話講出來之後能夠算是真的講話了嗎？我們不如說他其實什麼話也沒說到，這樣想是不是真實一點呢？那些抓不到究竟的社會議論，在發言議論的當下都以為是真理與正義之聲的發抒，絕不可能承認只是樹上聒噪喋喋的蟲鳴鳥叫聲而已。他們認真地駁斥了別人的某某觀點，真的駁斥了嗎？還是大家一場爛仗，打和沒打都一樣，所以其實也未必真的駁斥了什麼。

　　夫言非吹也，言者有言，其所言者特未定也，果有言邪！其

　　未嘗有言邪！其以為異於鷇音，亦有辯乎，其無辯乎？

　　莊子說：這個「真理的最終究竟相的道本身」為什麼會被遮隱了呢？道不應該就是真理本身嗎？它的絕對性本無可懷疑，為什麼會有人在孰真孰偽上論爭呢？那個表達最高真理的哲學智慧，又為什麼會落得在相對的是非議論的層次上呢？道被這些知識份子們搞到哪裡去了？為什麼在他們那裡都聽不到真理呢？表述真理的理論又都被說成了什麼樣子呢？為什麼每一個觀念的傳達都同時夾帶了這麼多的反對意見呢？

　　　道惡乎隱而有真偽？言惡乎隱而有是非？道惡乎往而不存？
　　言惡乎存而不可？

　　莊子說：其實啊，道永遠存在，永遠沒有跑掉。只是這些理論工作者們自己的心胸意境不夠，因而掌握不到罷了，如果我們打開胸襟，平和地看待每一件事務，而不要把情緒和慾望涉入其中，那麼人間世事都是很簡單的現象而已。糟就糟在知識份子們都涉入了意識型態的堅持，一旦理解到了什麼道理的時候，一旦發現了人間世事的經驗真實的時候，由於理論的傲慢心，便急迫地把這一點道理普遍化起來，任意地在所有人間世事的經驗活動範圍上作應用，無所限制地擴充這個道理的經驗適用範圍，這就是一種「小成」的境界被過度渲染的結果。於是世事的真相就被這個小範圍內的道理給遮隱了，道就隱沒於「小成」之中了。而本來屬於統合性真相的論道之說，也被這小成的議論之說給遮隱了，當知識份子在觀念的堅持下所構作的理論世界愈發綿密之時，也就是那簡單真實的論道之說被遮蔽的時候了。

　　　道隱於小成，言隱於榮華。

　　莊子說：人們所構作的觀念，因為有心理的糾結存在，所以都是道

的遮蔽之物，而不是道的彰顯之物。人們的議論所彰顯的東西，都是自己的意識型態的堅持而已，所以在理論的世界中才會有「因意識型態的差異而產生的觀念的差異」之事情的發生，各因為自己的堅持而否定別人的堅持，就像儒墨兩家的互相非議一般，這家肯定了那家剛好反對的論點，而且否定了對方剛好贊成的想法，這樣的理論爭執，其實毫無意義可言。每個學派都不能放下自己意見的堅持，都不能理解自己的觀念的出現其實都是在自己糾結不讓的情緒中產生的，這是不對的。為什麼不能當下認清此點，從而肯定彼此，接受大家各自建構理論的觀念推理，從而進入「以明」的認識境界呢！

> 故有儒墨之是非，以是其所非而非其所是，欲是其所非而非
> 其所是，則莫若以明。

　　「以明」是莊子在〈齊物論〉文中提出的重要觀念，「以明」是一個對待知識的態度，是要求從「觀念的透徹」及「心境的寬廣」兩方面來對待知識的態度，是要對於一切社會議論觀念之推演進程觀照清晰，理解它的來龍去脈、適用性及限制性，使其恰當其用，然後在心境上對於自己提出的觀念及別人提出的觀念，都能在合理的適用範圍內予以肯定及尊重。所以「以明」是一個「智慧的透徹及胸襟的開闊」，是一個在面對紛紜的議論市場上的對待態度，以這樣的態度應世，不僅可以解消論爭的衝突，同時是通向絕對智慧的根本途徑。

　　當知識活動者在「以明」心態的觀照下，可以對事事物物都以事物自己的推理路徑來相應時，這就是第二個重要的認識心法：「因是」。既然事務之認識意義得以其自身之脈絡來識取，則主體的心靈便無庸區隔事務彼此間的差異，因為那只是主觀的意見心慾之沾滯而已，既已排除了主體的無謂態度之涉入，事務對象的存在活動便得獲自由的發散，自此主體對於任何事務都能肆應無窮，這便是莊子識道心法的第三個重要觀念：「道樞」。

　　「道樞」正是在道的絕對智慧中對待事務的境界，莊子觀念中的道並不是一個堆砌眾多層面的理論雜集，道在莊子的理解中只是純粹理智的智慧能力，是直透天地萬物自然運行的根本情懷，這個情懷的特點是沒有意識的堅持而只有智慧的自在開灑，在人智的掌握中它是不能以有限意欲來圈限的，所以只有絕對自由的心靈本身是道的表徵，由於道展現出不受拘限的絕對自由性，所以它在知識的表現上便永遠向各種觀念保持開放，它突破一切知識的防線，將所有的知識封限予以撤銷，知識可以窮極地推演，但不能有排斥性，排斥是使知識死亡的毒藥，通達則是使知識生存的法寶，所以任何知識都可以存在，但是都要在「道樞」的肆應中環環相連。

　　莊子說：當我們對任何事務採取觀點的時候，不論是肯定它還是否定它，都先決地決定於我們所要使用的角度或標準，在這個角度標準下它當然就是這個觀點，在那個角度標準下它當然又是那個觀點了，如果採取了一個特定的角度或標準，那麼與它相反的角度或標準下的觀點當然不存在，只有從合於自身的角度或標準來思考時才可以理解這一面的觀點。儒墨間的主張——「禮樂教化厚葬」及「薄葬非禮非樂」的爭辯——就是實例，是「非禮」對呢還是「重禮」對呢？是「非樂」對呢還是「重樂」對呢？是「厚葬」對呢還是「薄葬」對呢？這些對立意見的產生都決定於所使用的角度標準之差異上。所以肯定的觀點（「是」）及否定的觀點（「彼」）彼此關係密切極了，因為它們都是在同一件事務的對立角度或標準上發言的，所以否定性的意見是針對正面看法的批判，肯定性的意見也正是針對反面觀點的拒斥而來的，所以意見的發出乃完全決定於心意動念之際而已，端視當下的心態如何，所以絕對對立的正反面意見反而是最親近的觀念，因為它們在心意動念之際可以隨時交替出現，彼此相依相賴，永遠伴隨出現。

　　　物無非彼，物無非是，自彼則不見，自知則知之。故曰：彼
　　出於是，是亦因彼，彼是方生之說也。

莊子說：像生命的問題吧，誕生是前一個生命的結束，死亡是下一個生命的開始。像規範吧，允許了這樣就是不允許那樣，不允許這樣就是允許那樣。表達了正面的意見是依據負面意見的否定，表達了負面意見是依據於正面意見的否定。正面、負面、肯定、否定、是是、非非，多麼地不定、多麼地多餘啊！所以聖人在處理社會議論的時候，他不涉入意見對立之兩邊的堅持中，他讓事務的全貌清楚呈顯，所有的意見都有其成立的脈絡，不做無謂的堅持及多餘的裁決，讓各種意見的合理性自然發展。反正本來就沒有絕對的是非，在道的觀照下只有智慧的靈動而已，那麼何不讓一切知識的精彩都有其呈顯的地盤，而不要硬生生地掐死不同的人間議論呢！

　　雖然，方生方死，方死方生；方可方不可，方不可方可；因
　是因非，因非因是。是以聖人不由而照之於天，亦因是也。

莊子說：說它對和說它不對在道的觀照下又有什麼差別呢，正面的意見其實是很接近負面的意見的，否定的觀點其實是很接近肯定的觀點的。在這裡做了肯定的主張之後，我們又可以發展出一連串的是非對錯之爭議，因為任何一件事情都可以在觀念上關連於所有的事情，所以當我們在某一點上採取了立場，就會因為牽一髮而動全身，就因此必須對於所有的問題同時表明立場，然而對於所有的事務從頭到尾都保持一致的立場其實是很困難的，當所有非理性的因素全部逼近，向我們第一個決定的是非、正義、虛偽進行徹底的檢證之時，我們也難以再那麼堅持原來的看法了，所以任何一個堅持都會因為負擔了更多的衝突因而自我否定了原來的堅持，同樣地，任何一個排斥、一個負面的堅持也是這樣地，也是在觀點的社會效應上會產生無窮的是非抉擇，既然如此，我們又何須那麼堅定地堅持著這樣或那樣的看法呢？

莊子說：更根本地說，真的有這樣那樣的觀念的絕對性可以讓我們堅持嗎？還是說根本就沒有要這樣那樣的絕對性地表述立場的需要？是

的，道理就在這裡，任何對立的意見都無從獲得特定一面觀點的絕對性，我們因此也根本不在對立意見的堅持下作任何辛苦的抉擇，我們本就隨順事務發展的自然律動而靈活蘄向，這就是「道樞」。在道的絕對完滿的純粹智性活動中，這個智性的本身是遊走在所有知識的精彩之內的，好像門的軸心一樣，對於任何方向都保持開放，也都緊隨不捨，所以能悠遊無窮。因為任何觀念的構造，都是智性的著落，「道樞」是智性的本身，所以對任何的著落都是悠遊的。而當我們能得其道樞，悠遊於任一智性觀念的構作，不做自我限制及排斥他人觀點的時候，我們便能讓任一觀念從它的自身出發，援引到所有事務的觀點上。因為任何知識的建立與提出，在知識的世界上早就預設了所有的知識的肯定或否定、接受或拒絕，只要我們保持開放的心靈，觀念的聯繫自然會帶領我們躍向所有範圍內的理論，處處皆無窮，於是我們面對的是一個無礙自在的整體的觀念世界，這樣的境界才是道的超越性及絕對性的表現，智慧就是要這樣運用才有其逍遙可言呀！從「道樞」到「道的整全性」，這都是我們以「以明」的智性與胸襟才達到的呢。

　　是亦彼也，彼亦是也，彼亦一是非，此亦一是非，果且有彼是乎哉？果且無彼是乎哉？彼是莫得其偶，謂之道樞。樞始得其環中，以應無窮，是亦一無窮，非亦一無窮也。故曰莫若以明。

　　知識的選取背後有一個情緒的調整，一個心胸的境界，一個與天地精神相往來的無窮，這是莊子的知識世界的格調，知識是不能限制智慧的，智慧是知識無限的開啟之鑰，有了這樣的領會，「道通為一」的觀念就好講了。

道通為一

——消泯知識的界限

「道通為一」是莊子〈齊物論〉文中的另一個重要觀念，也是莊子哲學思想的核心觀念之一，是對於得道者智慧活動之特徵的描述，描述他在道的通達清醒中，早已將所有的知識議論清澈透明，從而泯除知識的封限，將知識的適用性界定清楚，讓它的特殊性展露，使它的意義性流動，從而把所有的知識在觀念的流動中交相融會，讓智慧的馳騁打通所有的知識界限，自由逍遙而愉悅。「道通為一」也是對於真理本身的特徵的說明，道家哲學家所體會到的世界之真相，本就是一個不為人意私智所封限的意義世界本身，本就是一個自適逍遙的造化本體，造化本體悠遊自適，天地萬物自然齊一，天地萬物既然自然齊一，那麼言說天地萬物之存在意義的理論本身也就應該通而為一。理論各從一定的言說管道發抒，如地籟與人籟般地「咸其自取」，但是使這些言說理論成其一家之言的自然本身仍是「通而為一」的，這就是「道通為一」的觀念，因為它本就是落實在天地萬物與自然世界中來說明的，所以也是對真理本身特徵的說明。

惠施喜歡玩弄他的聰明，莊子則喜歡玩弄惠施。聰明的惠施常在玩弄概念的遊戲，當他以一個概念來指涉一個實物的時候，喜歡捉弄人家說：這個概念的指涉雖然是這個實物，但是這個概念的本身卻只是一個概念而不是一個實物。於是他老是先說出一個概念，然後又說這個概念不是這個概念所指涉的實物，這就常常搞得人家莫名其妙不知所以，然後惠施就很快樂了，發現證明自己比別人聰明真是一件很容易的事情。其實，這只是一些語言的遊戲，說到底只是雕蟲小技罷了，如果真要讓人家明白的話，那麼說著概念然後又說這個概念不是這個實物，這樣的方式當然不好懂，不如直接指著一個具體的東西，然後說「這個具體的

『東西』」和「說這個東西的『名字』本身」是兩種東西，這樣就好懂得
多了。就像以一個「馬概念」來說「馬概念不是一隻活生生的馬」，不如
以一個「活生生的馬」來說「馬這個字和活生生的馬」是兩回事，這不
就好懂多了嗎！

> 以指喻指之非指，不若以非指喻指之非指也；以馬喻馬之非
> 馬，不若以非馬喻馬之非馬也。

莊子說：如果我們真的要深入語言的遊戲中的話，這裡頭還是大有
學問的，而且還是有一些很重要的觀念須得明瞭的呢，這就是關於抽象
概念和具體實物的認知與應用的問題。對於抽象概念的認知問題，我們
要有一個理解，不論我們在指涉任何實物，只要我們是從言說的活動來
指涉具體的事務，那麼所有的事務都須透過語言概念來指涉，這時候從
概念的意義角度來說，天地間的所有事務之概念，都是概念，而當我們
意識到所有指涉實物的概念都是概念的時候，我們豈不可以跳過語言活
動的層次，直接在觀念的認識上說：「天下萬物都是概念」。換個說法，
如果要用一個屬於實物的概念來指涉實物，例如以馬概念來指涉馬，這
時候，這個活生生的馬已經被一個抽象的馬概念來指涉了，但是既然馬
概念只是一個抽象的指涉元，那麼我們豈不可以使用任何抽象的指涉元
來指涉馬？只要我們事先約定好就可以了，同樣地，我們豈不可以使用
抽象的馬概念來指涉任何實物，只要我們事先約定好就可以了。因此只
要我們跳過了指涉約定的一一對應之限制性原理，那麼天下萬物豈不都
可以以馬概念來稱述，於是：「萬物皆成了馬」。從語言的認知與應用的
學問中我們可以獲得一個重要的了解，那就是任何的知識觀念的建構都
是建構在主觀心意的決定上。

> 天地一指也，萬物一馬也。

　　莊子說：在這個了解的基礎上，任何觀點的肯定，都是基於心態上早已決定了以肯定的態度來面對這個觀念，而否定一個觀點的根本理由也是建立在適足以否定它的判斷標準上，一切經驗的存在都早已決定於我們主觀的意思之中了。就像道路吧，到底哪裡有路？哪裡應該有路呢？那就看我們要到哪裡以及我們怎麼走法了。道路的出現決定於人類的行走，說明了具體的經驗是決定於我們主觀的要求。一個新鮮的東西到底應該叫它什麼呢？為什麼每一個東西都已經有了一個名字，而且因此如果我們叫錯了還不行呢？其實任何東西的確定名字都是在於它被叫成怎樣就成為了怎樣的。

　　可乎可，不可乎不可，道行之而成，物謂之而然。

　　莊子說：事務為什麼會成為這樣的呢？它成為這樣是因為我們要它成為這樣的。事務為什麼不會成為這樣的呢？它不能成為這樣是因為我們不讓它成為這樣的。事務其實可以成為任何一個狀態的，其實可以朝向任何一個方向發展的，所以不論事務成為了什麼狀態或是發展到了什麼樣的情況，其實都是很自然很平常的事情，我們本就應該平和地接受它成為了怎樣，因為它本來就可以有一個怎麼樣的樣子，而我們也不必太在意它的怎麼樣的樣子是對是錯，因為總有它可以是某個樣子存在的道理使它可以被認同接受的。說到底，沒有任何東西不能夠是怎麼樣，也沒有任何事情是不能被接受、不能被認同的。如果我們站在一個寬廣的心態立場上，我們本就可以打通任何堅持僵化的觀念，使事事物物的存在意義充分發散發展，彼此溝通，毫不相礙阻攔，就像小木條與大柱子的運用，就像醜八怪與大美人的觀瞻，或是任何稀奇古怪的事物，都可以在我們自由心靈的運作下，泯滅它們在使用與感受上的對立性差距，使它們在角色或意義的調換中皆各有無窮的發展性，這就是「道通為一」的作用，在自由的智慧運作下，事務在使用與感受上的意義差別，被我們心靈的調動與轉換而解消其差異，忽略其差異，遺忘其差

異，全部置入智慧的運用格局中，全體都是「自然齊一」中事。

　　惡乎然，然於然，惡乎不然，不然於不然，物固有所然，物
固有所可，無物不然，無物不可。故為是舉莛與楹，厲與西施，
恢恑憰怪，道通為一。

　　人類的認知心是建立文明的基地，但是人類的認知心也是毀滅自然
的殺手，所以我們在處理我們的認知心的時候，要以一種博愛的胸懷來
對待，使得它的建設性轉化為我們的幽默性，使得它的毀滅性轉化為我
們的浪漫性，使事務在被認知的活動中仍然保持它在自然中的狀態，要
讓它仍是一個自然齊一中的存在，使它能永保活生生的生命力，能夠不
斷地創造自己，而不是在人類的認知心靈的約束之下，成了一個僵死之
物。

　　莊子說：其實所有的認知活動都是把事務從渾樸中著色出來，使它
成為了一個特定的認知，但是也從此使它離開了自然的齊一，使它割裂
於它與所有的事務的平等關係網之中，當然這也就是這個事務在人類認
知心中的特定意義出現之時。但也就因此它活潑的生命力消亡了，它再
也不能夠不是這個樣子了，它再也不能夠是別個樣子了。其實它本來可
以是任何樣子的，其實它成為什麼樣子都取決於我們的心理狀態，所以
其實事物的生存與死亡的根本意義在於我們的內心，只要我們的內心能
保持開放，事務的認知及使用的意義便無從封限，便能重新恢復生機，
重新取得它的自由，使它重回自然齊一的懷抱。能夠這樣的認知與使用
的，是只有通達於道的高境界之人才能做到的。

　　其分也成也，其成也毀也，凡物無成與毀，復通為一，惟達
者知通為一。

　　莊子說：知識是人類生活的必須，但是以知識為議論從而產生意識

型態的堅持則是多餘的，所以有智者對於知識的領會是在一個心胸的寬容之中，他們不會固執於事務的情狀，不會強迫事務一定要怎麼樣地存在，反而總是把對事務的處理方式保持在一個自由的開放性之中，是一個在開放中的使用，這就是「庸」的態度，也就是一個「用」的態度。真正的「用」一定是靈活的，在靈活的運用事務之中使事務保持自然的生命力，一個仍有自然生命力的事務對象對人類的意義是廣大的，是取之不盡、用之不竭的廣大，這種廣大的用途配合我們心境的開放，在智者舒緩的自在中隨順環境的需要而充分運用，是以事務的自然齊一之生命能量來發揮它的妙用無窮的。在它們可以無窮妙用的生命中，有智慧的通達者早就不把事務只在特定的意義下認知，在智慧的馳騁中早已灑脫了過程中的所有暫停，這就是道之妙用，是事務的妙用，更是心靈的馳騁，是莊子與惠施的區別，是有用無用大用小用的關鍵。當我們說我們遺忘了我們使用的是什麼的時候，我們說，這是道，因為我們只在道的妙用中用物而不為物所用，所以對物的堅持是必須要遺忘的。

　　為是不用而寓諸庸，庸也者用也，用也者通也，通也者得
　也，適得而幾矣，因是已，已而不知其然，謂之道。

「道通為一」的觀念講完了，接下來的篇章中莊子講了一個又一個的故事及觀念，基本上都是在發揮「道通為一」的主旨，強調在道的認識境界中，我們應有的處理知識、理論的態度，使我們透過一個又一個的例子，來思索知識、理論的真相及根本意義。

朝三暮四
——無謂的假堅持

「朝三暮四」是現在流行的一個成語，這個成語來自〈齊物論〉文

中，是在說明堅持社會議論的不必要性。人們通常是自以為是的，總以為自己的觀點和別人的理解有著天大的差別，所以總是在努力地分辨彼此，然而真的有所區別嗎？其實，如果我們放開心胸，在更寬廣的生命情調中對待事務，那麼眼前的堅持可能都是枝微末節的事情，因為在自然齊一的世界中，人們所應在意的，其實只有開放、寬容與包涵。可惜的是，在真實的生活世界中，人們卻總是認真地區別著，總是在強調什麼事情一定必須如何。這是很無謂的，很多的堅持其實都是很虛妄的，常常只是堅持了錯誤的知識或是虛榮的面子而已。於是莊子講了一群猴子的故事，後來成為很有名的成語，就是「朝三暮四」，我們現在對這個成語的使用，是說一個人在意見上的猶疑不定，而莊子在講這個故事的時候，他的意思是說：全都一樣的事兒，我們卻在爭個先後彼此，這根本是多餘的浪費精力的事情。

　　莊子說：我們殫思竭慮地確定屬於自己的觀點，從而認真地維護、努力地堅持，卻無法體會在更高一層的視野中，我們的主張和別人的觀點是沒有差異的，大家的不同做法其實結果是一樣的，我們盡可以接受各種不同的做法而無妨，如果總是要強烈地堅守自己的方式，那就像有一群猴子在吃果子的故事一樣，我稱之為「朝三」，什麼意思呢？主人拿果子給猴子吃，告訴牠們說，我早上給你們三個晚上給你們四個，結果猴子們都發怒了，主人說，要不然早上給你們四個晚上給你們三個，猴子們都高興得接受了。

　　　勞神明為一，而不知其同也，謂之朝三，何謂朝三，曰：
　　「狙公賦芧曰：『朝三而莫四。』眾狙皆怒。曰：『然則朝四而
　　莫三。』眾狙皆悅。」

　　朝三暮四也好，朝四暮三也好，總數都是七個，一點也沒吃到虧或占到便宜，但一則以喜一則以怒，這都是不能深入事物的本來面貌，而只在自己的片面感受上堅持的結果。於是猴子的主人就順著猴子的心意

給牠們朝四暮三，事情便得以輕易解決。如果社會上的人事爭端，都是
這樣的沒有根本性的話，那麼我們在處事上是不是可以就多圓融一些，
當別人在作無謂的堅持的時候，我們是不是自己就不要下去打爛仗，免
得落得只是個朝三暮四的虛妄而已，我們應該自己在情緒上穩定，在觀
念上釐清，對於所有的爭辯都採取對等的態度，就是隨順就好了，因為
根本上它們彼此是沒有差異的，所以真正有智慧的聖人在面對社會紛爭
的時候，是將是非打落，和同彼此，是之謂「兩行」。而以寬闊的胸懷，
在自然齊一的心境上，解消他人的爭端，保持自己的清醒與自在，這就
是「是以聖人和之以是非，而休乎天鈞。」讓爭議雙方的對立性在根本
的基礎上解消，讓自己與他人的共事沒有衝突，這就是「兩行」，因為既
然差異沒有根本性，那麼我們何必落在差異中堅持呢？最後落得一個
「無謂的假性堅持」，毫無意義。不如學著狙公，也給它來一個「然則朝
四而莫三」，幽默一下，輕鬆中帶著寬容與包含。

　　名實未虧而喜怒為用，亦因是也，是以聖人和之以是非，而
休乎天鈞，是之謂兩行。

為是不用而寓諸庸
——是非不彰的高明

　　人文化活動的結果，是認識的愈趨細膩及知識的愈趨分化，然而這
也同時就是人慾私智的愈加沾滯，及自然齊一之道妙的劇烈斲傷。所以
我們在人文化活動的進展中應該同時保持著灑落的胸懷，不要讓精確專
技的成就成為愛慾牽染的誘因，不要讓私意躍出限制了專技本身自在的
風采，這就是莊子對「道的成與虧」的反省。
　　對知識採取絕對的態度正是愚昧的，對知識採取開放的態度才是智

者的行為，知識、才技是為人所用以點綴生活的趣味，而不能讓它反過來把生活的情調給限制死了。所以我們對於事務的認識態度應該是理解而不是堅持，而最高的智慧則是對任何事務都採取開放的心胸，在自然齊一的寬廣的認識基礎上，不將事物特別地對象化，如果對象化也不特別地與它物區別開，就算區別也不分辨價值的高下，總是將它們保持在一個可被靈活運用的狀態中，這就是「為是不用而寓諸庸」的觀念。

　　莊子說：在社會尚未發展到今天這種處士橫溢、盜賊橫行之前的純樸日子裡，人們對事物的認識與使用都仍然保持在純樸自然的狀態中，沒有什麼東西一定要做成什麼器物，一切都取之於自然，且自然地運用，根本不覺得我們利用了什麼，或棄絕了什麼，這就是「有以為未始有物者，至矣盡矣，不可以加矣。」然後慢慢地，人們對於自己所使用的自然事物有了意義上的認知，認識到我們的確在使用著某些器物作為我們的工具，但是此時仍然以有用為主，除了物品的使用性意義外並沒有對器具的材質、大小、功能做明確的畫分，並沒有太多的關於器物的知識學問，這就是「其次以為有物矣，而未始有封也。」再接下來，由於使用上的需要，為了更有效率、更加方便之需，人們對於器物之製作開始認真了起來，成為了一門知識、才技，成為了藝術、休閒、趣味之事，人們在器物的使用中享受了生活的樂趣，這就是「其次以為有封焉，而未始有是非也。」即使在這樣的時候，在心胸開闊的人的心態上，器物只是有用無用的考慮而已，但是在私心慾望多的人的心裡，器物成為了追求私心慾望的工具，器物必須符合觀念的需求，材質有了好壞之別，型態有了雅俗之分，生活的工具轉化成為社會活動的利器，利害的考慮超越了樸素的使用性需要，人們的是非私心出現了，人們與器物的關係疏遠了，人們親近的只是心中的價值執著。

　　古之人，其知有所至矣，惡乎至？有以為未始有物者，至矣
　　盡矣，不可以加矣。其次以為有物矣，而未始有封也。其次以為
　　有封焉，而未始有是非也。

　　莊子說：當人們的觀念堅持重於一切，自我的主張高於一切，當人們沈溺在這種「是非之彰」的氣氛中時，人們把自己和自然齊一的妙道割裂了。道離開了人們的內心，此時的人心只是一堆慾望與私心的組合，道之被損害就因為愛慾的牽染，在人智自恃的成就感中我們虧損了自然齊一平和的妙道。當然這是站在人智私意的角度上說的，是人智私意的自我堅持之成與虧，如果是在自然之道的眼光中看來，人意私智之成就與否根本無損其真，所以真的有成與虧嗎？其實在道之中是沒有的，但是這要能進入情況的人才能體會，所以一般人還是處在自成自虧的狀態之中，世人們多以為掌握了價值的優越，卻不知只是一種愛慾的自我陷溺呢！

　　　　是非之彰也，道之所以虧也，道之所以虧，愛之所以成。果
　　且有成與虧乎哉？果且無成與虧乎哉？

　　這種有了私意、人智之自成自虧的情況，特別容易發生在才智之士的身上，才藝技能可以是生活的情調，可以遊戲卻不必認真。具備了高超才藝的人物，可以透過才藝技能的表現而充分發揮智性才情，充分地揮灑性靈，在任何一種特定的活動中享受充實的完美性。但是，當人們把才智的馳騁牽連在愛慾的染著中時，把情緒的激動帶進性靈的自在中時，在人們炫耀、誇張、自傲、爭強的行為中，人們的性靈滑落了，社會的糾葛產生了，心胸的寬適不見了，這就是人類自己被自己的才智束縛住的時候了，這雖然是有智者所不應犯的錯誤，但卻是一般的聰明人所必定陷溺的局面。

　　莊子說：這種把道的高妙限死在人意私智的自成自虧的情況，就像最偉大的鼓琴師昭文的表演活動。當他在表演的時候，所有的聽眾為之陶醉，咸認昭文是世上最偉大的鼓琴師，聽過昭文之音後，其他的鼓琴便不足為聽。人們在心中產生了分別，琴有昭文之音與非昭文之音之別，鼓琴之音有了絕對的美，這就是把妙道之音給區別化了。如果昭文

之琴技不為人所聽聞，總是在自己的才性中自由揮灑，總是將琴藝的造化推向極致，總是以琴聲譜動道妙，卻從未曾在他人心中留下沾滯，那麼昭文之「不在眾人之前的鼓琴」才正是妙道的推演，所以昭文之鼓琴不為人知曉之時，鼓琴之妙道則無其自成自虧之事。

　　有成與虧，故昭氏之鼓琴也；無成與虧，故昭氏之不鼓琴也。

　　莊子說：昭文是世上最好的鼓琴者，瞎子師曠是世上最好的拍擊師，聰明的惠施是世上最強的語言分析暨邏輯推理專業的哲學家，他們三個人都是在專業才能上最傑出的人士，故終生以此為業。這都是他們對自己專業的熱愛強於眾人的緣故，但這本來只是個人才性方面的事，然而這些才智之士對自己專技的熱愛有時會過了頭，熱情到希望眾人都來學習並肯定他們的成就，或是眾人對他們才能的欣賞也會過了頭，甚至以為自己也能學到同樣的地步，於是不智的教學者與不智的學習者相遇，本就不可能做好的事情勉強為之（「彼非所明而明之」），所以大家都被專業技術搞得七葷八素，就像惠施和別人討論「離堅白」之說而講得人人火冒三丈，或是師曠的小孩想繼承父業，卻怎麼樣也學不到火候，因而浪費了自己一生的寶貴光陰。

　　昭文之鼓琴也，師曠之枝策也，惠子之據梧也，三子之知幾乎，皆其盛者也。故載之末年。惟其好之也，以異於彼，其好之也，欲以明之。彼非所明而明之，故以堅白之昧終。而其子又以文之綸終，終無成。

　　莊子說：專業的技藝本就是志趣才情的揮灑而已，揮灑即可，不需有揮灑以外的需求，揮灑者與欣賞者都應保持逍遙的心境，不要執持我有、我成，不要執持必此、唯此，大家心境打開，才藝還其才藝，不是

炫耀或爭競的工具。如果把才技拿來不可一世或唯我獨尊，或眾星拱月地崇奉，這根本就違背了上天賦予人類才智技藝的本意，這樣的才藝其實是對道的戕傷，是對自我性靈的戕害。如果這樣也算是才藝，那麼任何人都可以找一些自己喜歡的玩意兒當作才藝來吹捧，那誰沒有技藝在身呢？這就是「若是而可謂成乎！雖我亦成也。」事實上我們本就不該如此對待人類智能的才情揮灑之美事，才情有就有，沒有就沒有，沒什麼大不了的，我們不應該以社會眼光中的才藝技能來自我吹捧，在道妙的自然質樸中，我們一切的人文活動都稱不上創造了什麼，這就是「若是而不可謂成乎，物與我無成也。」。

　　若是而可謂成乎！雖我亦成也。若是而不可謂成乎，物與我無成也。

　　莊子說：這種對特殊才能的吹捧文飾的做法，是有智者所鄙夷的，我們對於會了什麼或不會什麼都不需要太激動，我們要讓生活中的所需求者與所享用者都保持一個被使用或被享用的自在感，臨時可用也隨時可不用，「為是不用而寓諸庸」，在自然樸實的情境中，自由自在地生活與使用或遊戲著，這才是智者之所為，這就是以智慧的透徹與心胸的寬廣來生活的原理，「此之謂以明」。

　　是故滑疑之耀，聖人之所鄙也，為是不用而寓諸庸，此之謂以明。

天地與我並生，萬物與我為一
——撤銷觀念的封限

　　「天地與我並生，萬物與我為一」是莊子所提的一個重要的哲學觀

念，這個觀念指向認識活動中的最後境界，但它並不是一個知識上的必然結局，我們不需要把它當作一個關於世界存在問題上的絕對知識，它只是說明了一個在觀念與知識的建構發展中，我們藉著心胸的開展而產生意境的領會，領會到所有觀念的基地最終將皈依於一個自然的齊一之中，而作為觀念認取者的我們又將與觀念的基地聯繫成為一個並生為一的整體，從而得以絕對性地撤銷所有觀念的封限。所以這個「並生為一」的「人與天地萬物之關係」的命題，基本上是從知識活動的推展中說出的觀念，它在觀念上扣聯了人與世界，在作用上取消了知識的封限，它在理論上的定位仍屬於一種主觀的胸懷，它在表面上所發表的世界觀命題，根本上是一套對待知識的妙道之智。

　　觀點說說就可以了，表達表達就可以了，把觀點尖銳化、對立化、絕對化都是不必要的，更糟糕的是，都是不可能的。沒有任何一個單一的觀點能有理論的絕對性或獨立性，你隨便說一個想法好了，你覺得跟別人的想法不同嗎？其實，這是你思考的力量不足，是你運思的架構狹窄，如果心靈廣大、智慧無礙，每一個觀念的出現都將牽連到無窮的認知，那時候，就沒有任何的想法有必要被絕對化地割離於其他的想法了。

　　莊子說：當我們表達了一個觀念之後，總習於思考著這個觀念和別的觀念是有共識、還是無共識，是同類還是不同類的問題，然而往上抽象一個層次之後，那個判斷它們類不類的新標準，已經使它們雙方都成為同一個問題項下的被思考對象，當我們還在為它們的類同性作思考的時候，它們在高一個層次上已經不得不是同類的事務了，彼此間根本無所謂差別可言。就像對於一個想攻占一座山頭的部隊而言，預官排長認為應向左邊進攻，而士官長認為應向右邊進攻，兩個觀點是不同的，然而真的不同嗎？對於在山頭上冰果室賣冷飲的漂亮小姐而言，少尉排長和士官長都是把百來個弟兄帶上來花錢的好情郎。意見的表達在一個思考的層面上進行，但是觀念與事件的發展卻在更廣泛的層面上跳躍，在心靈的移動來去之際，任一個層面的停留甚而堅持進而衝突都是愚昧的

活動。

今且有言於此，不知其與是類乎？其與是不類乎？類與不類，相與為類，則與彼無以異矣。

觀念的施設永遠沒有無可撼動的基地，永遠不能無限地使用以致無法更改，當心思意念再次跳動，原來的情境不復存在，原來的觀念也就失去了堅持的意義。十五、六歲的少男少女為情為愛說生說死，三十幾歲以後彼此相遇形同路人；學校社團中拚死拚活功課不顧，出社會後成為股市王子日進數十萬元，這時候可能對於母校社團中的學弟妹辦一個兩萬元的活動也毫無興趣而不予支援。每一個當下觀念的堅持都有一個必然的理由，然而每一個必然的理由都逃脫不了被一個更必然的理由給否定的命運，每一個更必然的理由也無法不讓位給一個絕對的要求，所以每一個堅持都有它的不必要性，每一個耀眼的存在都有它終於無立足之地的命運。如果我們的心思能夠保持在這樣的抽象運思的心境中，我們對於觀念的認知與使用便不可能發生堅持、執著、定死的情況。

莊子說：你覺得這事兒一定得要這樣做對不對？那你有沒有想過如果前面的條件尚未完成，那麼這件事你怎麼努力也沒有用是不是！你同意要先完成前面的條件了，很好，可是你似乎也做得太認真、犧牲得太多了，難道你不想想還有更更根本的狀況甚至沒被注意到嗎？好了，現在你注意到了，你是不是要先處理這個更更根本的情況呢？可是如果所有的什麼都還沒有什麼的話，那你又怎麼處理這個更更根本的情況呢？你覺得這件事應該是這個意思吧！可是卻有人覺得不是這個意思耶！不過不管這件事情是這個意思還是那個意思，你知道嗎？就在你的周圍就有人認為這件事情根本就不需要這樣子來想它，所以根本上說它是這個意思還是那個意思是根本沒有意思的事情。注意了，這已經夠嗆了吧，告訴你，還有更嗆的事兒呢！老闆說，他明天就要調職了，這個案例叫我們就別管了。那你！現在告訴我，這件事兒到底是這個意思還是那個

意思呢？告訴你吧，統統沒意思，一點兒意思也沒有了。

> 雖然，請嘗言之。有始也者，有未始有始也者，有未始有夫
> 未始有始也者。有有也者，有無也者，有未始有無也者，有未始
> 有夫未始有無也者。俄而有無矣，而未知有無之果孰有孰無也。

莊子說：我們大家都是知識份子，都很聰明，都可以對一些事情發表發表意見，但是要記住，我們絕對不要在任何事情上堅持僵死。我們永遠要注意環境的變化以及需要的改變，否則我們的用心勞神將會是毫無意義且浪費生命的無聊事情，所以我們就算是說了什麼，都要在心中想想我們的所說是在什麼條件下的發言，如果情況改變的話，我們的說法也要跟著改變。所以對於我們的所說，要有一個當它無所說的從容感，要聽得進去別人的另有所說。當然，在我們的從容心之下，是我們對於他人的意見有所包容，是對於我們自己的意見保持客氣，如果這時出來了一個莽漢，堅持己見地徹底否定我們的想法，那麼不智的則是對方。因為我們也絕對不是毫無所說，我們只是清楚到：心靈無限、觀念自由，然而語言有窮，在有限的語言世界的背後永遠有一個廣大無垠的空間，那是我們的智慧和我們的胸襟在開放地把握著的世界，所以我們才對自己所說者留下空間，允讓別人發言，而非真的一無所說。

> 今我則已有謂矣，而未知吾所謂之其果有謂乎？其果無謂
> 乎？

知道了知識、觀念、語言在表達上的相對性，知道了使用觀念的人類心思才是時空環境中意義的決定者，知道了意見的基礎在於背後的標準，了解這些道理之後，我們對於人間的觀念便可以不再要求什麼絕對的答案了。

莊子說：秋天鳥獸初生的新毛之尖端是很小的東西了吧，但是把它

切成千萬份的小部分之後，相較於這個毛尖端，它反而成了龐然大物呢。我們都知道東海之濱有泰山為大，但是仰望無極的穹蒼，那泰山成了微不足道的小點。我們都哀憐年幼即逝的殤子，但是比起從未有生命或是生命短促如一瞬間的遊菌，那殤子又可謂是長壽的了。彭祖是自古以來的壽翁，但與開天闢地以來的造化本身相比，原來彭祖只活了八百年就夭折了。所有的觀念都建立在發言的標準上，人類的認知可以無窮地推演。我在於天地之間，在此時此刻天地與我並生，我在於萬物之中，在此時此刻萬物與我皆為造化中的晶鑽。在認識的活動中，天地萬物與我豈必有別哉！天地萬物與我皆一，這是我們心靈運思的層次問題，在心靈的運思空間中，我們有浩大的氣魄與無限的可能，如果斤斤於情緒的激動所帶來的慾求的堅決，那是如何的小家子氣呢！

> 天下莫大於秋毫之末，而大山為小，莫壽乎殤子，而彭祖為
> 夭。天地與我並生，而萬物與我為一。

莊子說：當我們理解了知識的建構原來是這麼地自由的事件，當我們理解到人類的心靈原來可以這麼地逍遙的時候，我們將在人我與世界之間搭上一個豐滿的連線，我們的生命是置放在整體天地的意義之內，我們的生存意義是打開在天地萬物的本來逍遙之境界中，「天地與我並生，而萬物與我為一。」成為我們在智慧上最高的理解。這是一個理解，所以是一個理性的活動，但這個理性的活動是一個有生命的活動，這個有生命力量的活動本身成為一種修養的功夫，使我們在功夫修持中保持一種胸懷，要求我們在這種胸懷中來對待這個「理解」。所以當我們建立了觀念上的「天地與我並生萬物與我為一」的理解之後，這個既然是「為一」的事實，使得我們跳出來「主張這個『為一』」的智性活動成為一種多餘（「既已為一矣且得有言乎」）。因為我們本來可以不提出這個「為一」的觀念的言說，因為保持沈默而體會此「為一」之境界恐怕還更符合那個「一」的真實。

　　這是一個跳進境界中的活動，也是一個修養的功夫。然而因為我們已經在智性上跳出來理解了，所以我們的智性認識也已經使得這個「為一」的「觀念」成為永恆（「既已謂之一矣且得無言乎」）。然而又正當我們在作這種觀念層次轉換的思考的時候，這個為一的真實（「一」）與我們的理解的活動（「言」）已經使得事件多了兩個層面，這兩個層面又真是一個更糟糕的認識上的多餘（「三」），唉！停止吧！再有智慧的人也不能跟觀念賽跑，否則愈想愈多，再巧智的天才也沒辦法分析得完到底有多少個仍在發展中的可以下注腳的判斷層次，更何況是那些心思拘拘的一般的知識份子呢？智者從最高智慧的領悟發展下來都有說不完的觀念可以表達，那麼那些基於意識型態的堅持因而可以隨意構作觀念的才智之士，要他們來發表意見那可不正好讓他們講個三天三夜都講不完哩。不要再這樣地玩下去了，在智慧的領悟之後就要用心胸來化解，在觀念的理解之外還要用心靈來處理，讓我們都以透徹的智慧來對待知識、來解消一切束縛知識的無謂的封限吧！

　　　既已為一矣，且得有言乎？既已謂之一矣，且得無言乎？一與言為二，二與一為三，自此以往，巧歷不能得，而況其凡乎？故自無適有以至於三，而況自有適有乎？無適焉，因是已。

六合之外聖人存而不論
──道的飽滿與得道者的胸懷

　　「天府」與「葆光」這一對概念，是在說明在道的智慧境界中，有著觀念的蘊涵無窮、言論的揮灑無盡的特質。同時指出，我們在知識的活動中，應該提升自己，進駐道的境界內，陶融道的豐滿性，而不要浪擲才情、肆意情緒、奔放不羈，應該時時持守態度的寬容，保持自己在豐

沛的純粹智性中，從而讓觀念從容流露。

莊子在知識追求的問題中，一開始就把目標放在人間的最終真理上，對準自然、人、天、地、萬物的根本意義，在這個層面上獲得了一個整體的領悟之後，這個整體性理解的知識內涵便是一個普遍性的原理，是道，是指涉天地間一切事務的根本意義的原理。因此這個道的層次上的原理，便和一般社會議論中只關注到現實生活的趨利避害之思考是不同層次的，他不是為解決人類私智慾望所帶來之煩擾的問題而思考，他一開始就已經撇除了人心狹隘的限制，獨立撐起了浩大的生命精神，和廣大無限的天地自然對話，將天地自然之道作為智者生活的情調，獲得理解，持守不渝。

在莊子的思考中，天地自然是世界的本身，世界的本身是沒有限制的，有限制的是世界中的萬物，萬物本來就在天地之中，本來也是沒有限制的，萬物之所以有了限制是因為人心限制了萬物，由於人心之小，使得人與萬物同受限制，有限制的意思是說有了必然、必須、不得已、應該、一定、是非、價值、好壞、貴賤等等區別，這是人類理智悖離自然齊一之境界的根本錯誤。獨與天地精神往來的智者的胸中是沒有區別心的，因此莊子對於人間議論的區別堅持是很不耐的，因而不斷地予以批判，〈齊物論〉這篇文章中反覆申說的就是這個道理。

莊子說：道就是世界的原理本身，道的原理是一切原理的根本所依，所以道的原理自身不能被原理化，也就是不能被限制化，它只能夠是純粹的智性活動，是一個絕對自由的智性活動，它就是「逍遙自適無目的有巧妙的造化安排」的本身，所以我們以任何聰明的想法去明確化道活動的固定軌跡是錯誤的，我們只能以純粹的自由心靈在體道的貼合中透露道的訊息，而不能以絕對的名義來封限它。同樣的，表述道的理論性文字也因為觀念的自由而不需有絕對的格式，可以是詩、是散文、是哲理、是音樂、是動作，皆無不可，可以是論理地說、隱喻地說、故事地說，甚至絕口不說都可以。

夫道未始有封，言未始有常。

　　莊子說：道是知識活動所對準的絕對性目標，而人間議論所對準的
思考範圍卻不到這樣的高度，只是在我們眼見所及的小範圍內發言，而
且建立一套套的知識系統，各有所言、各有所指、各有其言說範域，各
是為了一些特定的問題意識所發表的必然限制性的言論，這就是「為是
而有畛也」，在自我構作的問題意識內所產生的對道的限制性觀念理解。

　　為是而有畛也。

　　道的原理本身是無從限制的，但是在相對性的問題意識中所產生的
觀念卻不能沒有範圍，有範圍是社會議論的必然前提，這是一個對理論
地位的重要認識。所有的學者都是因為沒有認識到這個理論性格的限制
性條件，才會在理論建構的過程中無所限制地擴充適用的腹地，因而造
成理論世界的全面衝突，這是莊子的深刻告誡。如果我們能意識到任何
的理論建構都有一定的「適用脈絡」，那麼就應該注意到「適用脈絡」是
隨意所定的，是隨著「為是」的問題意識而來的決定，並且因為「為是」
的心靈無窮，所以它在畫分上也會有無限的區域，莊子舉出了八類的區
域畫分，其實可以有更多更多的畫分，隨著人心的悠遊或關注而一一產
生。
　　莊子說：知識範限的區隔是這樣產生的：因為空間意識的出現而有
了認識上的「左右」之分，其實還可以有上下、前後、四方、八面之分
都可以；因為道德意識的產生而有「人倫恩義」的觀念，其實我們今天
也發展出了「四維八德」、「禮義廉恥」、「忠孝仁愛信義和平」，或者是
「信望愛」都可以；因為觀念的量產，而有了思維活動的「分析、辯論」
之事業，其實還可以有綜合、推理、匯整、剔除、引申、擱置等等；因
為面對理論交流所產生的情緒，而有了榮譽性的「競」或攘奪性的「爭」
之區別，其實還可以有合作、有消滅、有協助、有暗算等等不一。

請言其畛：有左、有右、有倫、有義、有分、有辯、有競、
有爭，此之謂八德。

這些對知識確定性的封限區隔之情形，如果是以今天的知識活動來
說，它可以是大專學院之區分，也可以是學校科系之區分，也可以是中
小學課程之區分。太多了，莊子只說了八德，那是他客氣，但是人們還
在堅持己見，甚而要定於一尊呢！因為問題意識的產生而有了在一定範
圍內的知識，這個知識的畫分區域是無窮無盡的，因此我們要學習一個
對待知識的智慧的態度：觀念要在專業領域內發表，面對領域外的知識
世界保持開放的心靈。

在這個世界中的事物，有我們不可知的，有我們可知的；在我們可
知的事物中，有我們不可說的，有我們可說的；在我們可說的知識中，
有我們不堅持的；在我們不堅持的觀念中，有我們堅實的胸襟。

莊子說：開天闢地之前是什麼光景？天地之外復有天地乎？大哉問
也！這些事情太奧妙，聖人把這些問題予以擱置，不對它發表任何客觀
的知識，因為這些涉及世界奧祕的問題，或許非為人類所知，或者所有
的言說都對人生的智慧沒有直接的關聯，又或許它的深密使它成為不該
被揭露的領域，所以我們應該明智地不予處理。然而關於這個世界的既
存之後的根本道理，也就是這個世界運行的客觀原理，聖人有其清楚的
觀點，並且因為這是一個客觀的實然，所以聖人對這個問題的發言是理
性知識的直接表述，然而聖人彼此之間對這個觀念的表達方式，卻仍有
個人主觀才情的揮灑，所以仍有彼此不同的論述典範，但是，所有的典
範，觀念都深邃，意旨都幽遠，架構都完整，文辭都精美，直指造化，
對越在天，彼此交映，互為佳言，所以彼此間也不會有任何的爭議。

六合之外聖人存而不論，六合之內聖人論而不議。

莊子說：至於對於人文活動、社會建制、歷史事件、先王典範等，

涉及人智、才情、意慾的交錯糾結的社會活動而言，聖人因為主觀的習性、選擇的發言，故而有所議論，然而聖人謹守發言議論的本有所指，言其所欲言者而已，所以不會在不同的發言議論之間進行論辯之爭，有人喜歡談談體制的問題，有人喜歡說說武功的強弱，有人願意講講文風的盛衰，有人喜歡品評才情的高下，這些都是可以議論議論，發揮一下個人關注的趣味，但是絕無辯論的需要。

　　　春秋經世先王之志，聖人議而不辯。

　　莊子說：當我們對事件的理解發表明確的看法時，我們在態度上要保持一些寬容，要有對事件的某些層面不予揭明的胸懷，不要總是走入截然極端的主張中，那必然會陷入僵化觀念的死胡同中，從而走上了錯誤的理解之路。辯論也是一樣，辯說了該釐清的事情就足夠了，知者自知，愚者仍愚，多辯無益，智者的精力要放在有益的事情上頭，許多我們認為該辯說的觀念背後還有更多我們不應該辯說的胸懷，智者在胸懷的流露中正本清源，愚者在語言的爭辯中身陷泥沼，以此示智，其實多有不見，其實只是在智者的寬容中被當作小孩。根本上說，這不是知識的問題，而是態度的問題。我們發表了針對一定問題意識下的觀點之後，我們的「知識發言」工作就可以暫停，當然知識還可以繼續進行，不過，此時我們要處理的事情已經是人際相處的問題了，已經是性靈的安靜清爽的問題了，已經不需要再為知識發言所引動的情緒所牽引，有智慧的人會立刻跳開這種情緒之中，而那些很聰明的人們卻還在嗜食知識的火藥，展姿較競，爭議不已，也就因為這樣，使得他們遺漏了更多的智慧，也從而賠掉了自己的性靈。

　　　故分也者有不分也，辯也者有不辯也。曰何也？聖人懷之，
　　眾人辯之以相示也。故曰：辯也者有不見也。

　　道是自適完滿的，存在的活動卻是常常溢出而多餘，為了要討論這個問題，莊子隨後就以「道辯仁廉勇」來說明，這些都是我們日常生活中常發生的意義情境，如果我們能夠保持在它們自身意義的純粹性中，便能在道的飽滿中逍遙自適，那麼這每一種意義情境的活動就不會悖離道的自由開放之本質，在活動中，謹守心靈自在自適的原則，不被多餘的情緒需求，降低了活動的層次。

　　莊子說：讓我們永恆地以清醒的理智認知到，「道」的本來完整性是不須多言稱述的，「辯」的正本清源性是不靠言詞的華麗的，「仁」的普遍發抒感是不在姿態的裝飾的，「廉」的自澄其靜是拒絕以廉示眾的，「勇」的豐沛力量是不屑威勢逼人的。在闡釋的喧騰中，道即隱沒；在爭辯的勤苦中，理猶未明；在規範的架構下，仁被禁錮；在形象的鮮明中，廉則失真；在裝腔作勢中，自顯其虛。「道辯仁廉勇」，原來是人間活動的核心意義，原本可以昭道而不耀，圓道而不方，可惜都在私智的情緒、多餘之做作中失真了。所以我們的活動要謹守一個純粹性，在不須溢出的範圍內謹凜自己，這才是守住了高明。如果人們都能了解這種存在活動的自適飽滿與堅持的餘飾性之區隔，了解不以詞藻奪人之大辯，了解不以姿態裝飾之大道，那麼人們才能真正地在天地自然齊一的整全之中，全全不失，我們稱之為「天府」，表示我們以超越的智慧居住在自然的整全中，於是我們保持永遠自由的開放性，我們接納萬物而不覺負擔，我們發抒情懷而不流入虛浮，我們胸中的無窮不必參雜私智卻更能永遠自由來去，自然聰明，我們稱之為「葆光」。

　　夫大道不稱，大辯不言，大仁不仁，大廉不嗛，大勇不忮。道昭而不道，言辯而不及，仁常而不成，廉清而不信，勇忮而不成。五者圓而幾向方矣！故知止其所不知，至矣。孰知不言之辯，不道之道？若有能知，此之謂天府。注焉而不滿，酌焉而不竭，而不知其所由來，此之謂葆光。

　　我們的社會活動有必要的有不必要的，對於不必要的活動我們要放
下，在必要的活動進行中我們也要有保留餘地的觀念，否則生活的世界
將變得過分擁擠而沒有迴旋的空間，這時候我們的精神將會耗弱、智慧
將受虧傷、情緒將不安且躁動，我們將遠離「天府」，永遠做不到「葆
光」。

　　莊子說：君不見偉大的上古帝王帝堯也曾犯下同樣的錯誤嗎？堯問
舜說：我想攻打宗、膾、胥敖這三個小國，占其領地稱王其民，但是心
中總有不甚舒坦之感，這是怎麼回事呢？舜說：這三個小國實在小到毫
無政治影響力的局面，占或不占都對大王您的聖德毫無影響，大王您對
這三個小國的掛心是根本沒必要的，您不如不管它們吧，您若要掛心，
那真是多餘得很了！以大王您現在的聖德，天底下哪個國家、哪塊土地
不受您的影響？就像遠古以前天上有十個太陽，十日並出，萬物皆照，
而大王您的聖德還遠遠高過天上的太陽呢！您根本無須管那三個小國
的，它們一定自己會來歸順的。

　　　　故昔者堯問於舜曰：「我欲伐宗、膾、胥敖，南面而不釋
　　　然，其故何也？」舜曰：「夫三子者猶存乎蓬艾之間，若不釋然
　　　何哉！昔者十日並出萬物皆照，而況德之進日者乎？」

　　「天府」的豐滿早已容受一切，「葆光」的靈動永遠任智馳騁，人間
的活動留下了無窮的空間，當智慧展現了靈光，心胸中飽滿了寬容，這
才是聖人的用世之道呀！天下的共主憂愁荒僻的小國，真是無謂得可以
了。

齧缺問乎王倪
──莊子的禪機

　　東方的智者在對話的問答之際，直接處理的是境界的提升，直接在

回答的活動中當下刺激思考的格局，他不只處理知識的鋪陳傳達，他對準問者的心思迷霧之障蔽，利用超越語言本身的言外之音以轉化對方的心靈格局，他不停留在直線式的概念來往，當發問者正流動在情緒、意識、玄智、境界的來往更迭中時，爆然輸送出高境界的智慧。「齧缺問乎王倪」的故事正是莊子式的禪機，也是中國禪學表意格式的濫觴，值得我們最高度地用心體貼。這個故事本身正是直接使用禪機的格式，在智者的「天府」、「道樞」的境界中，人類理性的活動將湧現出無比生動的光耀。

認識知識需要聰明，處理知識需要智慧，智慧是心胸，心胸無窮。心胸不同於聰明，聰明有窮，而知識卻無限，所以在知識的活動中需要以無窮對待無限，所以需要以胸懷對待知識，而不能讓聰明來反噬自身。至人就是以無窮的胸懷對待知識，所以不會在知識的應用上沾滯，所以不會落入社會的利害擾攘中，這是至人體悟了知識無窮、聰明有限之後，而有的胸懷無窮之境界。莊子對於以胸懷來對待知識的觀念不斷出現，在這裡他又藉著齧缺與王倪的對話來演說。齧缺是齒缺，也就是缺齒，也就是掉了幾顆牙齒的某人，也就是講話的時候會漏風，話說不清楚，也就是說齧缺是一個觀念表達不清楚的人。事實上，齧缺從頭到尾和王倪的對話中都是扮演那個觀念不清楚的發言者，或許齧缺也是一個智者，因此特別能夠將這種不清楚的形象表演得如此逼真。王倪扮演智慧的表露者，他的表露方式中充分地運用了不表露的智慧，他是懂得將智慧稍稍遮掩的人，齧缺就剛好在這個故意的遮掩中充分暴露情緒不耐的粗魯。

齧缺意欲在知識的認識上明確地掌握判準，畫分界定的區域，使客觀的認知可以充分建立，這是一般知識追求者的態度，對於知識的追求，這樣的態度是可以的，但是莊子追求的是全道之德，所以對於知識的清晰之外猶保留了它們的玄同，在玄同中超升，而契入道妙的玄境，而這是求其截然者無法覺識的，所以齧缺和王倪的對談情境就代表了對待知識的「畫分」與「玄同」的兩種不同態度間之激盪。

　　莊子開始講故事了：齧缺問王倪說，你知道建立知識需要有共通的
普遍性原理嗎？王倪當然知道，可是王倪更知道所有的標準都有其限
制，所以故意表示不甚了了的回應態度，說：我怎麼知道。齧缺心想這
麼容易的道理都不了解，根本就是一個無知的人，王倪一定是故意有所
保留，所以又問說：那你到底說說看是哪類的事務你不太了解的？王倪
知道齧缺根本不知道自己在說什麼，所以還是不予回應，就又說：我也
不知道什麼是我所不知道的事啊！齧缺看王倪不肯表示的態度如此堅
決，懷疑王倪可能不贊成「知識應有明確判準」的觀念，所以又問說：
我們是不是不能對事務有明確的認知心呢？其實，對王倪而言，是也
罷，不是也罷，都不是重點，王倪心想順著齧缺的思路，問題永遠扯不
清，所以先予拒絕地說：你這樣問我還是不知道，不過我倒可以從我所
知的角度嘗試為你說一說。

　　　齧缺問乎王倪曰：「子知物之所同是乎？」曰：「吾惡乎知
　　　之。」「子知子之所不知邪？」曰：「吾惡乎知之。」「然則物無
　　　知邪？」曰：「吾惡乎知之。」雖然，嘗試言之。

　　莊子藉王倪之口說：我們聽人家講話要聽到人家的內心深處去，表
面的語言文字只能表意於萬一，還有更多的東西在內心裡需要聽者用心
體會，這樣才是善於溝通的人。你我所關切的問題層次不同，所以對於
你關懷的問題我不能順著你的思路來回答，否則你一定會只在你本來的
認識框架中打轉，根本進入不了我想要給你的思考空間之中，所以你哪
能了解到如果我剛才回答你說我理解的話，那其實是表示我對於這個問
題的更根本性的理解是無知的，而剛才我回答你說我不知道，這其實是
要提醒你，有一些更深刻的原理根本在你的問題意識中就不存在，所以
如果就順著你的思路那是無法表達的，因此我要表示不知道，是要制止
你的思考，因為我還有更深刻的東西要給你。

庸詎知吾所謂知之非不知邪！庸詎知吾所謂不知之非知邪！

齧缺原本所想的問題是，讓我們來尋找知識建立的共同標準吧。沒錯，我們可以這麼做，但是我們還有更深入的問題要釐清，那就是知識標準的建立是有許多限制的，我們不能無窮地推廣它的適用性，還有，不要以自己固定的觀念去理解所有人的行為，因為人家可能正關懷著你所不知道的重要問題。

莊子再藉王倪之口說：你想想看，我們在潮溼的地方會生病，但是泥鰍卻喜歡在爛泥巴裡，我們爬到太高的樹上會嚇個半死，但是猿猴則不然。如果我們要討論理想舒適的居住環境，那麼人類、泥鰍和猿猴誰的意見才對呢？如果要討論美食，人吃家畜，鹿吃草，蜈蚣吃蛇，鷹與鴉吃鼠，誰的觀點才對呢？如果要討論物種間的親近關係的話，猿和猵狙相愛為偶，麋和鹿相愛為偶，泥鰍和魚相愛為偶，可是當牠們見到人間最美麗的毛嬙、麗姬兩位美女的時候，魚深入池中、鳥高飛逃逸、麋鹿奔蹄而走，這四個傢伙根本不了解誰才是天下第一美女呀。我們舉這些例子都是很容易了解的，但是涉及人類社會的行為原理時，關心即亂，又加上強烈的意識型態之堅持，我們恐怕就不那麼清楚了。人們總是要在人群之中建立普遍的行為法則，總以為人人皆應追求相同的價值，殊不知人與人間的差異由於智慧慾望的不同，其間差距絕不亞於人與動物之別，現在許多人在談論仁義的標準、是非的價值，其實都談得亂七八糟，根本建立不起客觀的標準，我們誰也無法加入其中參與爭辯而辯個一清二楚的。

且吾嘗試問乎女：民溼寢則腰疾偏死，鰌然乎哉？木處則惴慄恂懼猨猴然乎哉？三者孰知正處？民食芻豢，麋鹿食薦，蝍且甘帶，鴟鴉耆鼠，四者孰知正味？猨猵狙以為雌，麋與鹿交，鰌與魚游。毛嬙麗姬人之所美也，魚見之深入，鳥見之高飛，麋鹿見之決驟，四者孰知天下之正色哉？自我觀之，仁義之端，是非

之塗，樊然殽亂，吾惡能知其辯！

　　齧缺對於王倪的打高空很不滿意，事實上是因為齧缺仍無法了解王
倪的智慧，當然，莊子認為這個觀念是一般社會中的知識份子所無法了
解的，為什麼無法了解呢？因為心思念頭仍落在客觀知識的需求，仍想
要統一行為的模式，仍然陷溺在社會議論之爭中的情緒不滿。

　　所以莊子又讓齧缺再問王倪說：你不顧利害，但是你們道家的至人
也像你那麼蠢得都不顧利害嗎？齧缺的問題真是充分暴露他的粗魯，齧
缺居然在「利害」的層次上講話，如果仁義是非的標準難以建立，那麼
我們最多不過保持一份正義的寬容便是了，什麼時候跑出來以「利害」
來做考慮呢？難道仁義是非最後是訴諸利害的需求，甚至成為利害的工
具嗎？道家的至人已經不在仁義是非的層次上用心了，那就更不用說什
麼利害了，至人的境界是神乎其妙的，山林草原都熱得燒起來了他也不
覺得熱，江河都冰凍了他也不覺得冷，大山被雷擊破、大海被風翻攪他
也不受驚，像這樣的至人，處於雲端之上，遊於天地之間，生死都與他
無關，更何況人間社會的功名、富貴、利害之事呢？所以不要堅守在知
識的絕對性中，不要永遠以自己現有的觀念去看待社會上的所有事務，
否則你會遺漏更多的根本智慧。

　　　齧缺曰：「子不知利害，則至人固不知利害乎？」王倪曰：
「至人神矣！大澤焚而不能熱，河漢沍而不能寒，疾雷破山風振
海而不能驚，若然者，乘雲氣，騎日月，而遊乎四海之外，死生
無變於已，而況利害之端乎？」

　　〈齊物論〉行文到這裡，觀念的表述已經扣回〈逍遙遊〉中的主旨，
顯示至人的心境經過知識活動的洗鍊之後所出現的同樣意趣，那就是道
家意境對儒家型態的批判態度。下文仍將討論此點。

瞿鵲子問乎長梧子
──對孔丘的批判

　　莊子在〈逍遙遊〉中藉著帝堯的故事點出了對儒家意識型態的批判，在〈齊物論〉觀念進行到一定的深度以後，這個批判儒家的態度又流露出來了。接下來，莊子又講了一個故事批判孔丘，不過莊子大約是覺得跟人類講話是一件很累的事情，索性乾脆請出花草蟲鳥來一起上上課，這次故事的主人翁是一隻小鳥和一棵小樹，瞿鵲子和長梧子，一位是道家的鳥人，一位是道家的樹人。鳥人瞿鵲子和樹人長梧子討論有關儒家孔丘對道家聖人的看法，鳥人說孔丘無法接受道家聖人的意境，覺得道家人物之行誼簡直荒唐極了。長梧子便告訴瞿鵲子，儒家不了解道家是必然的，因為他們關懷的世界只是這個現實的社會，而他們對於人間知識的理解又是那麼地固執，所以我們是沒有辦法改變他們的。

　　莊子的樹鳥對話是這麼開始的：瞿鵲子說，我聽孔丘說到：有人說道家的聖人不從事一般的社會事務，不趨利但也不避害，不追求一般人想要的，但也不遵循一般人的共同想法，他不說話卻表達了意思，他說了話卻等於沒說，他們儘喜歡在大自然的曠野深林之中悠遊而不入塵世。當孔丘說到這裡的時候，他居然說：這些說法都不可信，簡直是不可能的事，是亂說的，聖人應該是投身社會去修身齊家治國平天下的，哪是像那種道家式的人物啊！這是孔丘對道家聖人的意見，可是我卻覺得道家聖人的這種境界很美好，不知道長梧子先生您覺得怎樣啊？

　　瞿鵲子問乎長梧子曰：「吾聞諸夫子，聖人不從事於務，不就利，不違害，不喜求，不緣道，無謂有謂，有謂無謂，而遊乎塵垢之外，夫子以為孟浪之言，而我以為妙道之行也。吾子以為奚若？」

　　莊子讓鳥人瞿鵲子發問完之後，接下來便讓樹人長梧子回答：剛才你說孔丘所聽到的那些話，即使是黃帝聽到了都要頭腦打結，黃帝猶且不懂，孔丘哪聽得懂呢？你呀，太急了！看到雞卵就想要有公雞報曉，看到鳥蛋就想吃烤鳥肉，居然幻想能讓孔丘開悟。唉！這些道理都太深了，我，姑且說說，你，姑且聽聽吧。我們道家聖人的境界還不只孔丘所聽到的那些呢，道家聖人可以和日月同遊、和宇宙同在，這些更難懂的事情就別說了。就拿面對社會的一些處事態度來說吧，聖人的高明是，從根本上解消社會觀念的價值高低，對於因價值差異所帶出的社會人際之間的衝突紛亂，聖人是不涉入其中處理的，聖人對人間利害、貴賤、高下之俗事都齊一看待，所以相對來看，社會中人顯得勤快任事，聖人卻顯得反應慢半拍像個笨蛋，但其實他是將一切世俗中人在意掛心的慾求與堅持都置入自然齊一之中，而予以等一地對待。天下所有的事務其實本來都是在自然的整全之中，雖然彼此激盪互動，卻仍道通為一，所以聖人對萬物都是這樣地平和看待的。

　　　　長梧子曰：「是黃帝之所聽熒也，而丘也何足以知之。且女亦大早計，見卵而求時夜，見彈而求鴞炙，予嘗為女妄言之，女以妄聽之。奚旁日月，挾宇宙，為其吻合，置其滑涽，以隸相尊，眾人役役，聖人愚芚，參萬歲而一成純，萬物盡然而以是相蘊。

　　對所有的事情都應該平等地看待，因為所有的堅持都是知識上的無知，因為所有的知識都沒有可以堅持到底的條件，因為一般的社會知識其實只是一些觀念，而觀念只是人們的一些想法，而人們的想法多半緣於一些非知識性的因素，所以我們都要對平日的觀點多放鬆一些。

　　莊子接著說：你哪裡知道人們貪生的想法何嘗不是一種錯誤呢！你哪裡知道，死後的生命說不定才是永恆，因此人們怕死想法的錯誤正是年幼離家流浪到老卻還不知返家的愚昧哩！麗姬這個大美人，是艾地人

主的大小姐，平日吃好穿好，嬌生慣養，剛說要嫁到晉國的時候，哭得眼淚鼻涕沾滿衣裳，等到了王宮之內，吃得更好，睡得更香甜，才覺得後悔當時的難過傷心。像這樣的情況每一個人都會發生，我們總以自己目前所知道的事情來想像天下所有的事情，卻不知我們以為要堅持的東西，在換個環境以後可能正是我們要丟棄的東西。所以，你怎麼知道那些死掉了的人不是正在後悔他之前那麼地貪生怕死呢。

> 予惡乎知說生之非惑邪！予惡乎知惡死之非弱喪而不知歸者邪！麗之姬，艾封人之子也，晉國之始得之也，涕泣沾襟，及其至於王所，與王同筐床，食芻豢，而後悔其泣也。予惡乎知夫死者不悔其始之蘄生乎！

莊子說：我們的世界觀真是太小了，也太固執了；我們的知識真是太少了，也太堅持了，我們都自以為是理智的、清醒的，其實我們可能都是迷迷糊糊的。夜裡作夢正在飲酒作樂，白天醒來原來自己正面臨最悲傷的命運，夜裡作夢在哭泣的人，一覺醒來便高興地入山打獵去了。還有一種情況是正在作夢的人不知道自己正在作夢，在夢裡頭還在作夢，結果醒來之後才知道剛才真是夢得可以了。原來我們平日的生活世界，都給一些假象矇蔽了而不自知，如果不是徹底地清醒過來，是無法知道其實我們的整個社會生活都虛假得像一場大夢一樣，然而有許多在夢中的愚人，自以為清醒得很，謹謹慎慎地一副知道天下道理似地儼然，還妄圖在虛假的世界中建立穩固的秩序，整天談著君王治國的道理，要愛民如子、要作之君、作之師呀的！這就是孔丘嘛！簡直是頑固透頂了。你也一樣，還那麼在意他的談話，你也是在作夢。我也一樣，我何必如此辛苦地告訴你這些呢？所以我說你在作夢其實就是我自己在作夢。這就是一個「弔詭」的情境，就是說我們永遠要記住我們是在一個世界之中，如非真正跳開這個世界，我們是不可能不被有限的智慧能力來制約的，所以我們都是在夢中，千萬年之後有大聖人出現，他明白

所有的事情，他是把我們千百年的夢給搖醒的人，這使得這千百年就像一日夜那麼地恍然。

　　夢飲酒者旦而哭泣，夢哭泣者旦而田獵，方其夢也，不知其夢也，夢之中又占其夢焉，覺而後知其夢也。且有大覺，而後知此其大夢也，而愚者自以為覺，竊竊然知之。君乎！牧乎！固哉丘也，與女皆夢也，予謂女夢亦夢也。是其言也，其名為弔詭，萬世之後而一遇大聖，知其解者，是旦暮遇之也。

和之以天倪，因之以曼衍
──解開論爭的真相與提出應對的技巧

　　「和之以天倪而因之以曼衍」是一種對待議論的技巧，是在主體的態度上先將視野提升到一個自然齊一的心境中，從而對於他人一切衝突的議論採取平置的觀點，而對於不肯放下的堅持則予以放棄，隨其曼衍。莊子對於知識的確定性有那麼多的否定意見，對智慧的活動又一下子拉到那麼高的境界，那麼平日在意見發表場合上，我們應該要有怎樣的態度呢？莊子的態度就是「和之以天倪而因之以曼衍」，在根本性上我們要齊同議論，在相對性上我們要隨順議論。理解到社會議論的不終究性，對自然整全而言，它們最終都將化為玄同，在純粹的自由中我們放下眼前的堅持，在他人的堅持中我們隨他去吧！

　　莊子說：辯論的時候，你辯贏我辯輸，你就對了我就錯了嗎？我辯贏你辯輸，我就對了你就錯了嗎？到底是我對呢還是我錯呢？還是你我都對了還是你我都錯了呢？告訴你吧，關於對錯的問題你我都無法知道的。因為我們每一個人都有知識的死角，都會受到觀念不清所帶來的情緒堅持的壞影響，所以關於辯論雙方的對錯根本無法被釐清，我們要請

誰來判斷是非呢？每個人都是在自己的知識範圍內堅定地發言呀，所以請意見和你一樣的人也罷，和我一樣的人也罷，和你我都不一樣的人也罷，和你我都一樣的人也罷，都不能為你我做判斷。那麼這怎麼辦呢？

　　既使我與若辯矣，若勝我，我不若勝，若果是也？我果非也邪？我勝若，若不吾勝，我果是也？而果非也邪？其或是也！其或非也邪？其俱是也！其俱非也邪？我與若不能相知也。則人固受其黮闇，吾誰使正之？使同乎若者正之，既與若同矣，惡能正之？使同乎我者正之，既同乎我矣，惡能正之？使異乎我與若者正之，既異乎我與若矣，惡能正之？使同乎我與若者正之，既同乎我與若矣，惡能正之？然則我與若與人俱不能相知也，而待彼也邪？

　　莊子說：那就讓我們「和之以天倪而因之以曼衍」吧。如果大家都已經了解到，站在社會議論層次上的知識體系，都是沒有絕對性的，而只有相對性的，因此在一個自然齊一的胸懷中，其實所有的觀念都可以並存發展而不必彼此排斥的，這就是「和之以天倪」。這是什麼意思呢？就是要在天府的飽滿中齊同一切的爭辯。因為我們平常的不同意見，說穿了，只不過是我在肯定你不同意的意見，以及我在表現你不想要的行為，然而真的該肯定的事務，它根本不需要和否定的意見來爭辯，真相真的是如此，則也不需要和虛偽作爭辯，意見的堅持既已無需，觀念的辯論則更無益。把那些被緊緊地綑綁在一起的是非對錯的所有觀念，都予鬆綁，讓大家的關係別那麼擁擠以至於非爭個你死我活，在自然齊一的胸懷中，大家玄同彼此，隨順著任何觀念的自然軌跡而聽任其說。就這樣地生存在這個觀念溢洩的社會吧，就這樣過一輩子吧，忘記身分、年齡、道德、仁義，讓我們和社會彼此牽連在無所堅持的充分自由中，讓我們的心靈也永遠保守在無所陷溺的逍遙自適中。

何謂和之以天倪？曰：是不是，然不然。是若果是也，則是
之異乎不是也亦無辯，然若果然也，則然之異乎不然也亦無辯。
化聲之相待，若其不相待，和之以天倪，因之以曼衍，所以窮年
也，忘年忘義，振於無竟，故寓諸無竟。」

罔兩問景
──世俗中人被決定的命運

「罔兩問景」是比喻知識份子不能決定自己的命運的故事。莊子所批
判的知識份子們，常常因為沒有必要的意識堅持而帶來無窮盡的議論爭
辯，在他們的生活裡，只能是永遠隨著人家跑，人家說了什麼做了什
麼，自己就必須盡快地回應，回應得慢了，就擔心理論的權力被剝奪
了，擔心沒有發言權了，所以他們沒有一刻安寧。但是議論的市場是隨
供需的不理性法則在運作的，誰也不知道為了什麼莫名其妙的原因而出
現了什麼亂七八糟的想法，於是知識份子們的消音、滅音、導正視聽的
辛勤工作也就永遠沒有完結的時候，因為他們根本也不知道事情是怎麼
發生的，他們的命運多麼地可憐呀。自稱有獨立思考能力的知識份子卻
沒有獨立的命運，一生必須為了回應社會議論的挑戰而隨時奮戰，這樣
的景象就像一個人接受了命令而動作，他的影子也就因而跟著動來動
去，而他的影子旁邊的微陰更是跟著影子的動作而再作動作，爭相發言
的知識份子啊，你們的命運就像影子旁邊的微陰呢，你不覺得自己的存
在是很不真實的嗎？

莊子的故事是這麼說的：影子旁邊的微陰問影子說：剛才你在走動
現在你又停了，剛才你坐著現在你又站起來了，你怎麼這麼沒有定性
呀？影子很委屈地說：我都不是自己在動的呀！我都是跟著人家動呀！
而我所跟的人又是跟著另外的別人在動的，就像跟著蛇的皮和蟬的翅，

其實真正動的是蛇和蟬，所以我根本不知道為什麼動為什麼停，所以我根本也沒辦法決定我要怎麼辦呀。

　　罔兩問景曰：「曩子行，今子止，曩子坐，今子起，何其無特操與？」景曰：「吾有待而然者邪！吾所待又有待而然者邪！吾待蛇蚹蜩翼邪！惡識所以然！惡識所以不然。」

莊周夢蝶
——智慧之人的齊物而逍遙之道

　　〈齊物論〉的終了是「莊周夢蝶」，莊老道有一天作夢夢見自己成了一隻蝴蝶，生靈活現，一切就像真的蝴蝶一樣，內心真是快活極了，根本就不知道還有個莊周其人，一會兒醒了，居然發現自己變成了莊周，就在那一瞬間，那個思想的主體，根本無法了解自己是蝴蝶還是莊周，是莊周作夢成了蝴蝶還是蝴蝶作夢成了莊周。莊周和蝴蝶一定是兩種東西彼此不同，可是在那個時刻莊周和蝴蝶卻分不清彼此，其實也就是莊子在那個時刻幾乎把自己就當成了蝴蝶，與物無分，這就是「物化」，「物化」是一種境界，是一種不獨立堅持自己的心態，是一種不把自己隔絕於自然齊一的整全之中的心境，是謂「物化」，是為「與物冥合」，是「身與物一」，是「道通為一」，是為「逍遙齊物」，是為「齊物之論」。

　　昔者莊周夢為蝴蝶，栩栩然蝴蝶也，自喻適志與不知周也。俄然覺，則蘧蘧然周也，不知周之夢為蝴蝶與！蝴蝶之夢為周與！周與蝴蝶則必有分矣，此之謂物化。

養生主

　　〈養生主〉一文，其篇名就已表達了要論述的重點，就是討論我們這個現實的生命應該要有怎樣的生活哲學。〈養生主〉這篇文章寫得比較簡單，可以說是莊子內七篇中義理最單純的，但是從文章中所主張的觀點來看，確實仍是和莊子其他文章是一致的，因此有學者認為〈養生主〉是莊子較早期的作品。

　　〈養生主〉主要就是在談「養生」，「養生」是莊子思想中的一個重要的內涵，我們從「養生」的觀念出發可以關聯到莊子哲學的整個體系。這是和先秦其他學派不同的，例如「法家」就要從「富國強兵」的觀念談起來，「儒家」從「修身齊家治國平天下」談起來，「墨家」從「節葬節用兼愛非攻」發表觀念，這些觀念發表的起點也就是各學派基源的問題意識，因此我們可以發現，他們的思考方向，都是直接對準社會國家大事而來，然而重視「養生」的莊子，卻把對「生命的惜愛」與對「生活的安排」當作理論的目標，而不是社會國家的大勢云云。莊子主張，生命與生活是人生的大事，要以深刻的思考來面對它，不要把它當成社會目標的附屬物，不要以社會的價值來決定生活的行止，而要以「生活的照顧」、「生命的觀念」來作為人生活動的目的。

　　「養生」的觀念在〈養生主〉文中化為許多的具體操作的智慧，如「全生保身」的生活哲學、庖丁解牛的「養生」哲學、「委於自然」的生命觀、「安時處順」的生活哲學等。而這些觀念的建立，是直接把人的生命存在的意義，放在非道德性的自然義的整體天地之間來看的，就是在一個「齊物的胸懷」中看待自己，在一個「真人的知能」中處理自己，在一個「逍遙的意境」中走出自己。

為善無近名，為惡無近刑

——全生保身的生活哲學

　　莊子在〈養生主〉文中一開頭就要求人類把思考轉向自身，而不要汲汲營營地為符應社會的需求而消耗生命，在社會中的生存活動要有一個保守的底線，保守住生命本身的需求，而所有的生命活動的方向則要指向「全生保身」。「全生」是以生命本身為人生活動的目標，人生存在就應該要維護一個整全的生命，「全生」的觀念是〈德充符〉文中的「全德」觀念的落實，是以「保身」為目標、以「全德」為原理，而完成在自我生命保存上的結果。「保身」是在不得已的社會生活中讓自己不受社會非理性的傷害，所以在觀念的廣度上，「全生」是最整體性地說，「保身」是在社會活動中說，此外莊子還說了「養親」和「盡年」，「養親」應指「養身」，指對安危康泰上的照顧，「盡年」是「全壽而歸之」的觀念。總之當莊子把人類生存活動的目標轉向自我生命之保守護持中時，所有這些「保身、全生、養身、盡年」的觀念便紛紛出籠，並且都將落實在追求一個「在自然齊一整全目標下的生命哲學觀」。

　　莊子說：我們的生命有限，因此我們的精神體力有限——「生也有涯」，因此我們應該以深刻的智慧選擇我們生命活動的重點。現在社會上的觀念、知識、價值、理論可以說是多得不得了，人們都依其「成心而師之」，所以有無限、無窮的社會觀念被生產製造出來——「知也無涯」，所以如果我們跟隨著這些社會議論而奔勞一生，那就是一件浪費生命的愚蠢事情，如果還置身在製造生產這些社會議論的行列裡而自以為是知識份子——「已而為知者」，那可真是毫無意義地枉此一生了。

　　　吾生也有涯，而知也無涯。以有涯隨無涯，殆已！已而為知
　者，殆而已矣！

　　莊子說：那麼我們應該如何生活呢？那麼我們應該追求什麼呢？記得〈逍遙遊〉裡面的宋榮子吧，「舉世譽之而不加勸，舉世非之而不加沮」，他的氣魄是夠大了，我們就算做不到，也應效法到不必汲汲攀附社會的價值觀念，只要我們是隨順自然的天性，想到要做的事情那就放情做去吧。假使我們的行為有時候正好符合社會的道德標準，那麼我們要小心，不要去沾惹社會價值的清譽——「為善無近名」，因為這一來就會與社會中的人事紛紜產生無窮地牽扯，自己的貪念、人們的忌妒，紛紛出籠，這是我們最不需要的東西，去之而可也。當然有時候我們的行為也會剛好觸犯人家的禁忌，這時候我們也要小心，不要做到人家要拚命來解決我們的地步——「為惡無近刑」，我們本就對於人家的禁忌不以為然，如果還因為行為觸犯而受到懲治，那麼我們的不甘向誰說去？只能自怨不智之極了。所以我們的行為一定要「隨順自然」而「謹守中道」，「隨順自然」是我們「在目的上」「不在意社會的禮俗」，使我們的心靈有自己的廣闊天地，使我們的精神遊於物外與天地精神相往來；「謹守中道」是我們的行為「在操作上」「在意社會的禮俗」，技巧地避開社會價值的拘索，使我們既有「精神上的逍遙自在」，更有「生活上的方便自由」，這就是「緣督以為經」，這樣就可以「保身、全生、養身、盡年」。

　　　為善無近名，為惡無近刑，緣督以為經，可以保身，可以全生，可以養親，可以盡年。

庖丁解牛
——以無厚入有間的養生哲學

　　在「養生第一」的目標下，在「全生」觀念的要求下，「為善無近名，為惡無近刑，緣督以為經。」是對付社會的要點，莊子於是再以

「庖丁解牛」的故事來解說這種操作技巧的原理，原來，面對社會的生存活動，因為人心的好爭，會讓我們時刻遭逢困境，而有損傷，然而這些社會的紛爭缺乏根本的道理，毫無必要，所以在這裡的損傷是不智的。因此在不得已的社會生活中打滾時，我們要注意的重點便是讓自己不涉入紛爭，對於任何一個可預見的社會衝突都事先規避，讓自己完整地保全不受無謂的損傷，這是莊子要藉「庖丁解牛」的故事來告訴我們的道理。把我們的人生比喻為庖丁手上游刃有餘的刀，十九年而刀刃若新發於硎，這就是一個「全生」的生命目標，我們的生命悠然地走在自然的軌跡上，而不受社會風塵的摧殘，終盡其年仍保全德。

　　莊子著名的「庖丁解牛」的故事是這樣說的：有一位善於殺牛的屠夫，因為他的技術太高超了，他的殺牛就像為牛解開身上綑綁般地神乎其技，所以人人譽其為「解牛的庖丁」。一日表演此技獻於文惠君，他站好了姿勢，全身之手肩足膝都極優美地掛搭在牛的身上，進刀入牛，聲音騞騞，極有節奏，如桑林經首之樂聲引動，文惠君看了高興，讚技不已，真想不到宰牛亦有神技如此。庖丁把刀放下，解說道：殺牛這件事情對我來說吸引人的是它的道理，這是更高於技術面的層次。怎麼說呢？早先我殺牛的時候，我看的是整隻牛，所以我是一刀刀的砍牛，三年之後，經驗多了，我要管的是牛身上的骨節筋絡，對於整隻牛的身形，我已經毫不在意而不去注視了，至於現在的這種境界，則是完全以我觀念所理解的奏刀之路為主，而不是睜著肉眼在查看什麼，我的感官的作用已經完全不需要，全憑心領神會的意境來辦事，依照牛身組織上本來有的間隙，在骨節筋絡皮肉之間的空隙中進刀遊走，那些皮肉骨節相連的小地方都沒有碰到，更何況是大骨橫陳之處，所以我的屠牛刀幾乎沒有碰到什麼。

　　　庖丁為文惠君解牛，手之所觸，肩之所倚，足之所履，膝之所踦，砉然嚮然，奏刀騞然，莫不中音。合於桑林之舞，乃中經首之會。文惠君曰：「譆，善哉！技蓋至此乎！」庖丁釋刀，對

曰：「臣之所好者道也，進乎技矣。始臣之解牛之時，所見無非
牛者；三年之後，未嘗見全牛也；方今之時，臣以神遇而不以目
視，官知止而神欲行。依乎天理，批大郤，導大窾，因其固然。
技經肯綮之未嘗，而況大軱乎！

庖丁繼續說：至於別的屠牛師傅們，都是硬碰硬地以刀殺牛，所以
技術好的，一年換一把刀，因為他固然不砍牛骨但仍需割肉。那技術差
的，一個月就換一把刀，因為他根本就是在砍牛骨。而我的刀已經用了
十九年，殺牛也殺了數千頭，但因為從未牴觸牛身，故而仍如初製一
般。只要是骨節就一定有空隙，如果能夠善於領會空隙之處，那麼我的
刀刃就像一個無厚之物進入有間隙的空間，那麼可供我揮舞的空間就無
限寬廣了，當然有時候會碰到筋肉盤結的地方，難度較高，我便警凜神
智，不以目視而以神行，動刀緩慢，忽然已過，牛身已解，如塊落地。
我提刀而立，環視周遭，得意不已，方才妥善收刀而藏之。

良庖歲更刀，割也；族庖月更刀，折也。今臣之刀十九年
矣，所解數千牛矣，而刀刃若新發於硎。彼節者有閒，而刀刃者
無厚；以無厚入有閒，恢恢乎其於遊刃必有餘地矣，是以十九年
而刀刃若新發於硎。雖然，每至於族，吾見其難為，怵然為戒，
視為止，行為遲。動刀甚微，謋然已解，如土委地。提刀而立，
為之四顧，為之躊躇滿志，善刀而藏之。」

文惠君聽了之後，更加讚賞，並從庖丁以刀解牛之觀念中，領悟到
人生於世應如何「全生保身」的道理，原來就在於不以強力抗拒社會艱
難，凡事順著自然的軌跡一定迎刃而解。這便是「養生」要養得好的道
理。

文惠君曰：「善哉！吾聞庖丁之言，得養生焉。」

天也，非人也

──委於自然的生命觀

我們要「全生」、要「保身」，就是把生命的重心放在自我的身上，但是放在自我的身上是什麼意思呢？是隨著人慾之流而橫行嗎？當然不是，那只是從一個深淵又跳到另一個深淵。我們從莊子哲學的整體來看的時候，我們便能理解以自我生命為重心的意義是跳脫社會角色的扮演，排除社會價值對生命的決定性，從而使自我與天地自然之整全得以齊一，使生活的歸宿置放在自然的意義結構中，這便是以下兩文要表達的生命觀，我們稱之為「委於自然的生命觀」。它有兩個層面的意義，第一個層面是將社會的價值予以排遣，對於生命世界中事不以社會意義來思考，取消社會行為對生命意義的決定性，完全委諸自然。第二個層面的意思是，所有生命活動的根本標的要放在自然的本然中，要把我們的行為趨向指向生命存在的自然目的中，就是我們生來是怎樣的生命型態，我們就一直保守這樣的型態，不會因社會的需求而投身其中改變自己。

莊子講了兩個故事來討論「委於自然」的觀念，第一個故事是在討論這樣的問題：公文軒先生看到因刑罰而遭削足的右師，便對這件事情十分地在意，他想，人本就應有兩足，卻又有著人間的刑罰而致失一足，那麼，我們對於人間世界的社會行為到底應該抱持怎樣的態度呢？我們是不是應該置之不理呢？這個問題就是要討論社會價值跟生命意義的關係。

莊子藉公文軒之口說：這右師是怎麼了？為什麼只有一足呢？是上天自然造成的嗎？還是人類的刑罰使然呢？

公文軒見右師而驚曰：「是何人也？惡乎介也？天與，其人

與？」

公文軒當然知道這是刑罰使然，但是面對這件事情的根本態度應該是如何呢？這才是他苦思的問題。然而右師卻是態度坦然，他對自己所遭受的命運是看得很淡的，看得很淡是說他並不在人間刑罰的交加中憤怒懊喪，他不以己身之損傷為社會結果，他把本來源自社會的結果轉化為生命的自然，他以天意如此來面對此事，於是他的心境便在隨順天意中進入平和，社會的意志沒有攪動他的心情，他還是悠然地與天為友，接受自然給他的生命結構。

莊子藉右師說：這是天造成的，不是人為的，只有天會給特定的人一隻腳的命運，如果是人類的一般命運的話，每一個人都是有兩隻腳的，今天我所遭受的命運並不是單單人力可以造成的，如果不是天意，我是不會只有一隻腳的，所以說這是天之所為，而非人之所為。

　　曰：「天也，非人也。天之生是使獨也，人之貌有與也。以
　是知其天也，非人也。」

右師的回答就代表了「委於自然的生命觀」中的第一層意思，對於人為的社會行為的結果，也是放置在自然的天意中來領悟，第二種「委於自然的生命觀」則是指拒絕社會的安排而以自然本來的生命型態來珍惜。

莊子說：野外的雉鳥，生長於大自然之中，隨地取食，自在逍遙十分愜意，人類卻喜好把玩觀賞，欲置其入於籠中，然而這並不是牠們的期望，人們看牠們在籠中鳴叫啄飲，以為牠們很快樂，其實不然，因為這不是牠們本來的自然生命的型態。

　　澤雉十步一啄，百步一飲，不蘄畜乎樊中。神雖王，不善
　也。

　　「委於自然的生命觀」是將生命視為「在於自然中的一個塊然意義的存在」，一切現有的狀態都是自然的造化結果，都有其在自然中的真實情態，面對到自我存在的任何特徵，我們都沒有必要發展情緒、流露感受，保守原真，即是入道。

老聃死，秦失弔之
——安時而處順的生活哲學

　　關於生命問題的思考，除了與社會的對應外還有自我的「生死」問題，對於自我的生死問題，莊子把它當作是生命在自然中的來去而已，死亡是對於這個現實的生命的解脫，是歸返自然的美事，是自然為人類解脫生命的束縛，所以是一件最為平常的普通事情，任何人不需要為此悲傷，否則就是違反天意、自找苦吃、自己激動了不必發展的情緒，是「遁天倍情」。我們應該隨順天意，安然於自然對我們的生死的安排，是為「安時處順」。

　　莊子說：老聃死了，秦失到喪家慰問家屬，乾嚎了三聲「老聃！老聃！老聃！」就出來了，秦失的弟子覺得奇怪，說：老師怎麼沒有多與喪家聚聚就走了，難道老聃不是老師的好朋友嗎？秦失說：他是我的好友沒錯呀！弟子就問：那麼老師您就這樣慰問喪家嗎？秦失很自在地答說：是的，就這樣就可以了。老聃本來是我的好友，本來是一個活生生的人，時常與我論學暢談，但是現在他再也不能與我暢談了，他死了，也就一了百了了，這件事就是這樣地普通而已。我去他家，也只不過是去看看他的遺體和他的家人，紀念一下我們曾經有過的一段友誼，本來就不是要去哀天搶地地痛哭呀。老聃只不過是從一個活人變成一個死人，如此而已呀，這本來就是一件最平常的事情哩。不過剛才我到他們家的時候，有老人家如喪其子地痛哭，有幼童如喪其母地痛哭，他們之

所以會這樣地在一起悲傷，一定是這件事情超過了他們內心情緒所能負擔的程度，所以他們不想說而說、不想哭而哭，其實這些都是不必要的，是「遁天倍情」，是在觀念上迷失了天意的自然本懷，是在情緒上過度地溢洩，遺忘了生命本是天予、死亡本是天取的道理，如果要在這件事情上自找痛苦讓自己悲傷，那就是自己違犯天意而加諸自己的刑罰了。

> 老聃死，秦失弔之，三號而出。弟子曰：「非夫子之友邪？」曰：「然。」「然則弔焉若此，可乎？」曰：「然。始也吾以為其人也，而今非也。向吾入而弔焉，有老者哭之，如哭其子；少者哭之，如哭其母。彼其所以會之，必有不蘄言而言，不蘄哭而哭者。是遁天倍情，忘其所受，古者謂之遁天之刑。

秦失繼續說：死亡本來就是如同出生般地平常，在有了生命的那一刻，只是老聃的出生時候到了，老聃就來到這世上了；而死亡到來的那一刻，只是老聃離去的時候到了，老聃就跟隨著走了，安時而處順，有什麼好哀傷的。死亡可正是自然為我們解脫生命的枷鎖呢，而我們也因而化入自然的永恆中，你的出生是它的安排，你的生命如果感到辛苦操勞，它又以死亡幫你解脫，多麼愜意呀！就像木材在燃火中燒完了，但是火生起來了，並且將要一直地燃燒下去，我們的有限生命好像木材，我們的無限生命就好像薪火，傳衍不已。

> 適來，夫子時也；適去，夫子順也。安時而處順，哀樂不能入也。古者謂是帝之縣解。指窮於為薪火傳也，不知其盡也。」

人間世

〈人間世〉是一篇社會寫實的文章，莊子以最冷靜的態度寫出了最現實的社會真相，那麼地無情、殘酷、醜陋、狡詐、無奈，但是莊子卻也正是從這個醜陋殘酷的社會現實中教我們走出一條超越的道路，讓我們在保有自我的同時又能肆應社會的侵害。相較於〈逍遙遊〉點出莊子心中的超越嚮往，〈齊物論〉為追上這個超越嚮往因而在思維的深刻上著力，在觀念的運思中神妙而行，打通智慧的障蔽，〈養生主〉為儲備這個嚮往的積糧，則在生命的理念中迴轉，在處事的方向上定位，將人生的縱向指向自我與自然，放在「全生與保真」，於是〈人間世〉則在具體的處於世事的遭逢中掙脫，讓自我與自然的本命得以安然悠適。這需要既超越又滑落的智慧，超越地投向整個天地自然的懷抱，心意在此自適逍遙，滑落地置放在社會的機詐中，心靈在此流動，巧妙、冷靜、安適、定著，使我們在不得不然的社會接觸中具體地做到「保身、盡年」。

〈人間世〉是討論社會哲學、生活哲學的，核心的觀念是對政治理想國的否定，討論的焦點是放在保身盡年的技巧。莊子在文中舉出三種知識份子在社會接觸中的困境：一是政治改革者的困境、二是外交工作者的困境、三是教育工作者的困境。莊子並不討論政治、外交、教育的理想目標是什麼，因為莊子是徹底否定人間世中政治理想國之建構意義的根本性，莊子要討論的是社會角色扮演中的「全生」技巧，如何在困境中求解脫之道。

處理了三種困境及其解脫之道後，莊子正面地再述說了幾個理想的人生角色扮演的觀念，提出超越嚮往中的自我角色之扮演的哲學。在討論完莊子對理想生活意境的觀念之後，莊子態度一轉，即刻進行對「以德治世」觀念的批判，莊子對於人間世的社會理想國是毫無幻想的，對自我的角色定位也絕不以道德性的人格主體自視，對於這個社會的現實只把它放在更廣大的天地萬物中的自然意義來認知，自然本是完整自在的，紛紜的是人間世，人間紛紜都由它去，仍不礙自然之純樸、充實、圓滿，所以人格的定位不必放在社會活動中去尋找，人生的定位在於與自然同其滿足，所以，追求社會實踐的淑世理想者是畫地自限，莊子要

追求的是無用於社會而有大用於自由精神之發揮的超越人格。

顏回見仲尼
——政治改革者的困境及其解脫之道

「政治改革」、「淑世理想」，這是儒家教育的門面、四書五經的宗旨，多麼直率、多麼純潔、多麼可愛又令人心疼，顏回代表了一個有理想有抱負的青年形象，學而優則仕，正想著大展懷抱為衛國墮敗的政治進行改革。這樣的人物正是我們這個時代需要的社會中堅，然而，擺在眼前的詭譎詭怪卻將要吞食他的善良，儒學院只管培養他的強烈使命感，卻不管他將遭遇的悲慘命運，只教導他要勇往直前，卻不提醒他要防範人心，莊子見之不忍，不得已越俎代庖而為訓誡，藉著孔夫子的口吻，將道學院教學的密法傾囊相授，希望能夠保住一個有為青年的生命本真不受妖魔鬼怪的凌辱。

莊子說出了政治官場上的上下關係、在上位者的權力心態、既得利益階級拒絕放棄權勢的醜陋行徑。莊子更說出改革者的操作方式之要點，不在於正大光明，也不在於拐彎抹角，而在於操變化之樞紐，以及以「太上不知有之」、「為善無近名」的方式侵入事變運轉的核心，這才是超越的處理，否則只有喪身狼窟，因而陷於同流合污或憤世嫉俗的失敗者命運中；而要達到這樣的水準，則必須使用道學院的「心齋」功夫。所以這第一篇「政治改革者的困境及解脫之道」的討論中，除了權力世界的真相是學習的重點之外，對於自我鍛鍊的「心齋」功夫則更是要注意的觀念。

莊子說：顏回一日恭謹地向夫子辭行，夫子問他上哪裡去？答說到衛國去。夫子問去衛國做什麼？顏回便把他的理想抱負說出來，原來他是要去衛國做政治改革的工作，為了衛國的百姓，顏回將要離開師門行

道於天下去了。他說：我聽說衛國的國君正當壯年，血氣既盛卻喜專斷獨行，不把國家當一回事，任意揮霍國家的資源，自己無法反省自己的過錯，也沒把百姓的人命當一回事，因其縱恣逞慾而亡民之眾遍於國境，田園荒蕪，民生凋敝，百姓都不知道該怎麼活下去了。我在老師您這兒學的道理是，儒家的君子不要在政治清明的地方享受，而要到政治混亂的地方貢獻所學，改善當地的人民生計，因為我們學的就是治國平天下的救世哲學，就應該到有問題的地方施展所學呀，就好像學醫的醫生周圍一定聚滿了病人一樣，既然如此，我很希望把我所學的東西實際應用到這件事上，看看該怎麼改變他們，或許可以使這個國家還有些希望。

> 顏回見仲尼，請行。曰：「奚之？」曰：「將之衛。」曰：「奚為焉？」曰：「回聞衛君，其年壯，其行獨，輕用其國，而不見其過。輕用民死，死者以國量乎澤若蕉。民其無如矣。回嘗聞之夫子曰：『治國去之，亂國就之，醫門多疾。』願以所聞思其則，庶幾其國有瘳乎！」

顏回從夫子那兒聽來的道理都是好樣兒的，都是儒門學院教法的正宗，站在儒家的標準而言毫無問題，但是從莊子的眼中看來卻處處都是問題。儒學院提出了道德使命感及社會努力的目標，這是一種方向性的態度，但是缺乏對於技術性的處理，道家的智慧則在此著力，對於社會事變的機轉觀察入微，所以特別不能忍受儒家的單純，所以要在操作上用心，但也就因為在操作上的用心，又可能模糊了方向感的執著，便使得儒門、道門的哲理型態有了根本的不同，儒家以社會完成為人生的目的，道家卻以自我與自然的齊一為生命的根本，因此道家在社會生活的操作上多有應變的機巧，而儒家則多強調使命感的要求。當歷史上的孔夫子以這樣的方式對待弟子門人之後，莊子書中的孔夫子卻被莊子整容，斥詘顏回，並且說出了一番道理。

莊子說：夫子聽了哇哇叫說，你這樣的想法真是危險極了，簡直是自己送上刑場。我們應對世事的道術必須是簡單直捷的，必須是讓心中沒有顧忌的，這樣才能靈活地處事應變。不能在追求目標的行動中夾雜太多的關切，關切的目標多了，事情的項目就雜亂了，事一雜亂內心就易受干擾，心擾則有憂愁顧忌，事事受制，豈能活人，更無法達到目標。

　　仲尼曰：「譆，若殆往而刑耳。夫道不欲雜，雜則多，多則擾，擾則憂，憂而不救。

　　莊子認為顏回要謹尊師訓，又要匡正衛君，又要拯救黎民，一件事業牽連著許多的關懷，由於他的內心事事不忍，這必將使得他的行動處處受制，所以極不肯定這種想法。莊子更認為，顏回只在心理上決定了要做什麼事，但是在準備上卻完全沒有開始。就儒家而言，顏回的道德意志之鍛鍊就是學習的完成，最多把國家體制、禮儀規範、生活準則都補足學全也就是了；但是就莊子而言，真正要學的功課絕不是這些，而是要滲入權力世界的心理規則之內，理解這種活動的狡詐詭譎之本質，從而進行自我知能的鍛鍊，達致通究天人之際、陰陽之變的境界，這才是學習的課程重點。

　　莊子藉夫子之口繼續說道：以前的「至人」，在「應世之方」上都是先將該有的品格內涵先在自己身上鍛鍊成功，讓自己內外一致、自然展現、風格坦然，之後才在生活的接觸中潛移默化地滲入別人的內心世界，讓對方在他們自己的心性中「成為了」我們想要的那種人物，這樣的改變才是有效而且徹底的。今天顏回你自己都還是這麼一副輕浮的德性，自己的內在智慧與意志都還有待加強，你急什麼呢？你憑什麼改變他人呢？你哪還有那個閒功夫去面對暴人的所作所為呢！

　　古之至人，先存諸己，而後存諸人。所存於己者未定，何暇

至於暴人之所行！

莊子對於顏回的單純很是氣憤，對於儒家所講的一些道德仁義的強調很是不滿，他要對儒門的弟子上一課道德仁義的反面教材，要從人心詭詐的角度去揭露道德仁義的醜陋面。並不是道德仁義本身的不好，而是道德仁義被使用得不好，因此我們若不謹慎這種東西的使用，那麼屆時我們將遭受的傷害會是瀰天漫海地、如網似籠地蓋將過來，而使我們毫無招架之力。

莊子冷酷地說出了權力世界對於道德仁義的凌辱：你知不知道為什麼「道德」這種東西今天會這樣地被用爛掉嗎？你知不知道人間世界之所以需要有「聰明才智」的原因是什麼嗎？告訴你，道德性的事務之所以被用爛掉就是因為人人爭相把「道德」當作一種戰利品來掠奪，人人都刻意地要爭取「有德的美名」，從而使「美德之名」成為最高級的裝飾品在展示，而「聰明才智」之所以必要就是因為要用它來和人爭奪「有德的美名」。「有德的美名」在誰的身上他就可以用來壓人，而人們所馳騁的「知能」就是這種爭奪的工具，看看誰最能聰明地騙取到「有德之名」從而獲得政治上的利益，所以「知能」與「有德之名」反而是社會活動中的壞東西，並不是能使我們的生命境界獲得提升的好東西。

　　且若亦知夫德之所蕩，而知之所為出乎哉？德蕩乎名，知出
　　乎爭。名也者，相札也；知也者，爭之器也。二者凶器，非所以
　　盡行也。

「德性名聲」是人生的兇器、利慾的工具、爭奪的寶物，是天下人難逃的枷鎖，是人人爭奪的東西，是人人都要自己擁有的東西，任何人休想奪走他人的德性美名，這是會拚命的。除非政治人物自己是真正的有德者，否則政治改革者第一件要面對的難題就是如何在戳破了政治人物的假面具後仍能保護自己。

　　莊子繼續藉孔夫子之口說道：就算我們自己道德信念堅定、品格高潔，假如我們的這種德性品格尚未能真正進入對方的內心世界，從而改變他的人格境界，使他能夠體會到：「德性本身是目的而非美名的手段，以及我們自己對政治改革的建議並非為攘奪名位。」那麼我們一切的努力都將是枉然。這時候如果我們還強以仁義道德的要求，來教這些凶暴的政治人物要進行改革，那就等於是指著他的鼻子告訴他，他是沒有照顧好人民利益的人，所以他是個沒有道德的人。這還得了！雖然他們本來就是這樣的人，但是道德的美名是他們獲得政治利益的管道，你奪走了他們的美名就等於是奪走了他們的權位，對他們而言，名譽是權位的工具，權位是生命的目的，所以你傷害了他們的名譽就等於是傷害了他們的性命，所以你是害人精，害人者人恆害之，你就將要遭受到被害的危險了。

　　　　且德厚信矼，未達人氣，名聞不爭，未達人心。而彊以仁義
　　繩墨之言術暴人之前者，是以人惡有其美也，命之曰菑人。菑人
　　者，人必反菑之，若殆為人菑夫！

　　莊子繼續說：這些人物心中只有利害意慾而沒有社稷民意，如果他們是真心為民，必定會自求改革之路，必定近賢遠不肖，哪還用得著你去提出那些需要改進的意見。所以你去指出這些事，就等於是去打擊這些人的利益，除非你不說，只要你一說，上自衛君下至所有的王公大人都會為了維護他們的權益而戰，都會集結起來和你爭辯個沒完沒了，會用心盡力地指責你的認識錯誤，要你學習，或者是下鄉勞改。你如果在生命的氣魄上抵擋不住，想說好吧，我暫退一步，從而收拾起銳利的眼神、隱藏你鋒芒的神氣、言語上推出柔軟、態度上作出退讓、最終在觀念上處處遷就，那你也就沒救了。這種方式是以火救火、以水救水，只會使對方的氣燄更加囂張，這就是「益多」，是你的委屈求全強化了他的無理暴行的意志，你不退讓還好，你一退讓，將來就是沒完沒了的無理

顧頊,你的改革工作是再沒有進行的機會了。而如果你的生命氣魄浩大至剛,仍然強烈地表達不滿,堅定地作為社會良心的代言人,那你就是眾人的眼中釘,一定會身死人前。

　　且苟為悅賢而惡不肖,惡用而求有以異?若唯無詔,王公必
將乘人而鬥其捷。而目將熒之,而色將平之,口將營之,容將形
之,心且成之。是以火救火,以水救水,名之曰益多。順始無
窮,若殆以不信厚言,必死於暴人之前矣!

　　莊子繼續說:「名」,一個兵家必爭之地,多少英雄豪傑陷於奸險小人之害,都是因為不知道還有個名譽之戰場。僅想著建立功業,卻不顧後方的另一場人性之爭戰,通常,這就決定了英雄的生死,而不是前線的沙場。夏桀殺了自己的賢臣關龍逢,商紂殺了自己的叔父比干,多麼慘烈的宮廷悲劇,所爭者,名也,而不是千秋功業、百姓福祉。有良知的賢人君子葬身於此,是千百年來不變的規律,道家莊子深鑑於此,乃思有以變之,不欲一代代的優秀青年前仆後繼地為人所害,是故點出君王的私處隱地。這個天下最大的權力擁有者,同時要求成為天下最大的道德性巨人,任何人不能侵入這個地盤。關龍逢與比干是有德者,是勸諫君王要積德、修身、愛民的真正正人君子,是君王的眼中釘、肉中刺,是在百姓面前修養他們的品德操守,讓人民愛戴,搶走了君王被愛戴的風采,簡直就是形象的盜賊,根本就是以下犯上與王作對,所以國君因為他們所修養的品德而要排擠他,國君是死要品德操守的美名,要美名定於一地獨霸壟斷,這種任何人都擋不了的誘惑,國君為烈,在儒家的道德教育之下,仁人君子願意為了道德名譽而犧牲生命,於是霸主雄王就會為了道德名譽而要了他們的性命。

　　且昔者桀殺關龍逢,紂殺王子比干,是皆修其身以下傴拊人
之民,以下拂其上者也,故其君因其修以擠之,是好名者也。

　　莊子繼續假仲尼說：不要以為只有桀紂這種爛國王會做這種事，就連聖明的君王如帝堯與大禹也是一樣。就好像帝堯攻打叢枝、胥敖兩小國，而大禹攻打有扈國，致使這幾個國家，土地成為廢墟、人民遭受刑戮，這都是這兩位聖王為求仁德廣披天下澤土的好名之心引發的結果，這都是要「名」的實例呀！你沒聽過嗎？求其名實相符之事是聖人猶且難免的虛榮，所以你現在的這種想法其實也和這兩位君王差不多，都是很危險的事。不過，這麼吧！這件改革衛國朝政的事情既然這麼不簡單，想必你自己也有一些想法，你也不妨說說看你有什麼精彩的觀念沒有？

　　　　且昔日者攻叢枝、胥敖，禹攻有扈，國為虛厲，身為刑戮，其用兵不止，其求實無已。是皆求名實者也，而獨不聞之乎？名實者，聖人之所不能勝也，而況若乎！雖然，若必有以也，嘗以語我來！」

　　對於政治權力世界的真實，莊子已言之甚明了，那麼我們應該怎樣對待呢？這就是莊子要講學的重點了，那就是：從自我鍛鍊的「心齋功夫」中接上社會對應的處事能力。但是在說出「心齋功夫」之前，莊子還要在觀念上有所破除，先破除知識份子對於社會改革所抱持的深的、淺的、這樣的、那樣的做法觀念，然後才能學習莊子所教導的更為超越的能力。所以顏回就先說說他自己所想出來的應對方式，第一種方式是一種在暴王前表現得中規中矩的態度，其實是根本不敢多置一詞，連狗吠兩聲都聽不到，這是形象牌的做法。
　　莊子讓顏回說：我神色恭謹、態度謙虛、勤勉任事、專一執行這樣可以嗎？

　　　　顏回曰：「端而虛，勉而一，則可乎？」

　　這種方法基本上根本沒有多做些什麼，根本就是把自己完全暴露在暴人之前，只顧著自己保持美好的形象，然而在暴王之前你就算勇於任事、態度平和，也並不能討喜，因為在權力世界中所進行的內心活動只是赤裸裸的利害之爭，自我形象良好無益於改變他人的狼虎之心，所以莊子又藉夫子之口嚴厲批判這種想法，要天下所有懷抱理想的善良青年不要有這種幻想，以為只要自己努力做好，局面就必可改善。

　　莊子藉夫子說：不可，不可，無效，無效。像衛君這種凶暴的掌權者，剛暴之氣充漲於內、溢揚於外，且慾望過多、心思變幻無常，這樣的人是一般人都不敢忤逆的，所以他也就不客氣地壓迫別人的意志，以求遂其心意，對這樣的人你有意好言規勸都無效了，更何況是什麼都不說，只管自我表現良好，幻想以大德的風範求其浸染，冀望幡然悔過於當下呢！這個暴君一定是固執地繼續為所欲為，不會改變，表面上冷冷地看著你為他做事，你只要不說破，他也就樂得不管，只要你敢發牢騷，你就危險了，總之，他是根本不可能自動改變的，所以你這種形象牌的手法是沒用的。

　　　　曰：「惡，惡可。夫以陽為充孔揚采色不定，常人之所不
　　違，因案人之所感，以求容與其心，名之曰日漸之德不成，而況
　　大德乎！將執而不化，外合而內不訾，其庸詎可乎？」

　　形象牌的方式之所以無用，是因為溫暖的道德氣息不具備撼動的力量，「近死之心莫使復陽」，既然暴君無法自我反省，因此有話仍須直說，但是顏回已經被告誡不得以道德仁義之言術暴人之前，所以就又想了另一種方式，這第二種方式簡單說就是「拐彎抹角、老油條」，又要勸誡國君，又要顧好自己的退路，於是根本上仍是缺乏震撼的力量，只是足以自保而已。

　　顏回說：那麼我換個方式，「內直而外曲，成而上比。」「內直」是「與天為徒」，「與天為徒」是努力地爭取質樸的形象，讓人家把自己當

作絲毫不食人間煙火的傻蛋，完全不知人間險惡，裝著一副天真爛漫的樣子，偶爾說說一些直來直往的話，希望人家聽了以後內心會若有所悟而思有改之，如果人家聽了不高興，也不會對自己怎麼樣，因為自己平常就是這麼一副憨厚的形象，人家最多當自己是小孩心態不懂事，童言無忌，取笑兩下就過去了。「外曲」是「與人為徒」，刻意地不敢違背人世間的忌諱，處處周到地顧慮著他人陰晴不定的心理情緒，人家喜歡哪種調調兒，我們就隨著覆議唱和，這樣我們的所作所為便都無可挑剔，就像人家都彎腰鞠躬，那我們也就跟著照做，盡量不要顯現出有所不滿的態度，事事高度地配合著，那還有什麼危險呢？「成而上比」者，是「與古為徒」，時而說說古代歷史興盛衰亡的故事，論點雖有教訓的作用，卻都明顯屬實，人不可議，古已有之，非吾創說，這樣的話，雖然議論很尖銳，直接指出要害，卻是人人同知的事實，只要會聯想的人，都會知道自己在影射什麼事情，但是也不至於會反唇相辯，甚至會點頭贊同，共同維護這些傳統的價值，甚至認為他自己也已經做到了，所以我也不至於會遭到傷害。像這樣又是天、又是人、又是古人的遮遮掩掩，安全上也面面顧到了，這樣子來進行政治改革的推動工作，是不是好多了？

「然則我內直而外曲，成而上比，內直者與天為徒，與天為徒者，知天子之與己皆天之所子，而獨以己言蘄乎而人善之，蘄乎而人不善之邪？若然者，人謂之童子，是之謂與天為徒。外曲者，與人之為徒也，擎跽曲拳人臣之禮也，人皆為之，吾敢不為邪！為人之所為者，人亦無疵焉，是之謂與人為徒。成而上比者，與古為徒，其言雖教，謫之實也，古之有也，非吾有也，若然者，雖直不為病，是之謂與古為徒，若是則可乎？」

莊子讓夫子說：不可！不可！還是沒有用的。你的內心並沒有真正的通達（「不諜」），你只是用了一大堆的拐彎抹角的手腕，雖然你是很認

真地執守自己的信念，又用了這麼多的心思使自己得以不因勸諫而遭罪，但是，也只是自己免罪而已，若要談到感化暴王，那還差得遠呢，你這種做法還是基於自己的成見而已，你還是以為「以德臨人」「可以及化」，其實這都是不可行的幻想。「化」，是一個超越的理想，而不是堅持在某種意識型態內之事，儒門學院滿腦子的修身齊家治國平天下，就是想要「化貸萬民」，達到天下為公的理想，你的這些直來直往或拐彎抹角的應付方法，都是基於你心中還有這個意識型態的堅持，如果你能先化除自己的意識型態的堅持，以一種超越的人格接觸世事，你恐怕才有或多或少的改革績效吧！喔！那這是什麼呢？這就是莊子要講說的「心齋」功夫嘛。

> 仲尼曰：「惡，惡可。太多政法而不諜，雖固亦無罪，雖然，止是耳矣，夫胡可以及化，猶師心者也。」

　　顏回被老師左擋右擋，已經完全沒有招式了，只好請老師指點，為他明確地講述政治改革應採取的正確方式。這個方式其實是一套完整的功夫心法，心法背後還有豐富的哲學觀念。在〈人間世〉中，莊子要提出應世的高招時，也仍不取巧，直接把壓箱的寶物脫手，因此顯得若有思考上的跳躍，好在顏回天資聰穎，孔老夫子沒有教到的地方莊子補足了，兩位宗師都是慧眼識佳徒的高手，我們且觀莊子如何指點高明。
　　莊子藉夫子之口說道：「齋」！就是我要告訴你的應世妙道，齋就是念頭的安靜、情緒的平止，觀今日天下滔滔，人人有為，以有為之心行有為之路可乎？莫若以無為之心止有為之動。幻想以德止暴，豈其易為之者，以為易為者，老天都不幫他呢，以為天下動亂能夠通過單純的善意良知而止平一切，這是不解天意的莽撞無知，一定自遭危殆。

> 顏回曰：「吾無以進矣，敢問其方？」仲尼曰：「齋，吾將語若。有而為之，其易邪？易之者，皞天不宜。」

　　莊子只說「齋」，顏回不得要領，問道：顏回是個窮小子，家裡已經幾個月沒吃肉沒喝酒了，這樣算不算是夫子所謂之「齋」呢？夫子說：這是為了祭祀而用的身口之素齋，不是我所說的齋，我們道學院的齋法是一種心法功夫，是「心齋的齋」。顏回追問，夫子續答。

　　　　顏回曰：「回之家貧，唯不飲酒不茹葷者數月矣，若此則可以為齋乎？」曰：「是祭祀之齋，非心齋也。」回曰：「敢問心齋？」

　　莊子接下來便要直接講心齋的功夫了，他說：專一你的心志意念，不要讓耳聞之聲進入心中，要以心意控制知覺。然後再提升一步，再以生命的本能來解放我們的心意識念，一切自我意識都要將之排遣，讓存在的狀態交給生命能源的本質，那就是天地間源源不絕而遍在一切的「氣」。當耳根之聽隨之止絕，心意動念不著何處，此時內在於身體宇宙的生命能源將自然勃動。氣的作用就是在自然無意間肆應萬物地運作著，「虛而待物者也」，氣的自然勃動將帶出所有的生命能源，使與宇宙自然的存在齊平為一，使自然的作用遍在地運轉，使天地之道湧現而出，這就是道的作用方式。「道」的最本質性的作用就是在自然氣息的引發中流出，然而要引動自然氣息則非靠感官知覺的止念平息不可，所以必須要先做「心齋」的功夫，而功夫的要領便在一個「虛」字，虛是「在而不動」「動若不在」，在作用中表現得不真實，真實地有著卻又表現得不作用。這是一個心理鍛鍊的功夫，帶出身體能力的修鍊。要從事生死攸關的政治改革者必須先在本身的知能上鍛鍊，這是「所存乎己者」的功夫，「所存乎己者特未定，何暇至於暴人之所行。」但是這樣的功夫何用呢？這樣的功夫就是我們強化心智力量的途徑，是培養我們心意通達、身心一致的能力，讓我們在社會應對的任何時機，都能理性冷靜地控制自我，從而從容悠閒地展現才華，最終坐鎮核心扭轉乾坤。

仲尼曰：「若一志，無聽之以耳，而聽之以心，無聽之以
心，而聽之以氣。聽止於耳，心止於符。氣也者，虛而待物者
也，唯道集虛，虛者心齋也。」

顏回有所解悟了，開始操作了，他抓到操作的要領了，就在於浮動
的情緒將之止息，意念的紛呈將之蕩遣，使平日躁動的意識執著無處浸
漫，使心齋境界狀態中的自我意識消除淨盡。

莊子讓顏回說：在我尚未如夫子所言之要領來操作之前，我的一切
思想觀念都紛紛湧現，我自顏回，顏回是我，我是儒家，我是君子，諸
多的觀念、意識、慾望、念頭在在真實，處處出現，但是當我以老師您
所說的要領用功了之後，我在境界之中再也找不到我自己了，我只是一
個在自然之氣中的活動者，通過我的是「唯道集虛」的作用而已，我的
自我意識已不存在，這樣的境界算不算達到「心齋功夫」之「虛」的要
求呢？

顏回曰：「回之未始得使，實自回也，得使之也，未始有回
也，可謂虛乎？」

顏回真是好樣兒的，不愧莊子代收了這個徒弟，莊周假孔丘之口又
說：完全正確。既然你已經做到了身心鍛鍊功夫的虛靜之境界，那麼以
此為本錢，你去對應世事將可有成了。現在我就告訴你應世的要領吧，
在從事政治改革的時候不要在外圍浪費時間，要直搗黃龍，侵入權力核
心，進入他們的生活世界，但是不要陷入他們的遊戲規範，不是要你去
搶個大官來做，記得〈養生主〉中所說的「為善無近名」，不要把自己的
身分束綁在他的權力階級中，你可以以各種身分接近，與他相處論交，
當你的存在成為他的賞心悅目之事的時候，你便可以發言，否則閉嘴，
要使你在他心目中的身分是「非權力世界中的角色」，但是卻要爭取在他
的內心世界是一個「觀念的供給者」的身分地位，使你得以從容地供應

觀念，卻不露出任何政治企圖的痕跡，讓他根本就不可能向此處尋思，是他在人智有時而窮的時候自然地向你請教，而你是迫不得已地發表見解，這時候你的語言是他所意欲要聽聞的東西，所以他聽得進去，而且你的處境是不得已而為之，是他要你說的，不是你要他聽的，所以不會觸碰到他的權力名位的警覺之心，於是你就永遠安全，同時你的改革建議永遠會有效地傳入暴王的心中，這才是我們動作的要領。

　　夫子曰：「盡矣。吾語若，若能入遊其樊，而無感其名，入則鳴，不入則止，無門無毒，一宅而寓於不得已，則幾矣。

　　莊子所教導的才能都是超越性的，運用之妙決於人智，人智之深決於功夫，功夫不到家被人一眼就視穿，本想扮豬吃老虎卻被當乳豬烤來吃了，所以功夫的鍛鍊是不可少的，要使你隱飾外在的光彩，更要訓練你內斂的沈穩，這是一門難學的功課。

　　「心齋功夫」的最終境界就是一個「虛」的境界，從表面上說就是進入一種相對上不表現的模式，在不表現中卻進行著更為本質性的操作，在更本質性的操作中進入存在的最深之處，從而綰合天地，掌握造化，稱心而行。莊子說：行路踏地而不留腳印是有方法的，但行路而不踩地卻困難得多了，在人世的情境中作為而造假是很容易的，但是以天地自然為對象而想改變造化那就難了，要飛總要有翅膀吧，但沒聽過無翅而可飛的，博聞而後有智，但少見到常識缺缺卻智慧過人的例子。我們要學的正是這種難的功夫，在「心齋」功夫進行之時，我們的存在處境只在於虛靜之中，當功夫到極致的時候，連周遭的環境也被我們虛境化了，我們的存在是一片光明，一切美好的感受畢至，唯一仍在活動著的是我們所進入的超越的感知能力，它以無比快速的頻率在操作著，我們稱之「坐馳」，「在虛齋中靈動奔騰」，這就是我們的「聽止於耳心止於符」的功夫使然，是摒除耳目之感而進入純粹精微的自然本能的作用狀態，這時我們是與天地的精華相往來，因此我們的智慧是超越性地跳

升，則任何事務清楚明朗，更何況是凡人之事，因為我們此時的存在之
境域，已經與天地自然同氣脈動，所運作的智慧已經是造化的律則，這
種層次的高明是古來聖賢帝王的境界，禹舜用此，伏戲几蘧行此，更何
況我們這些凡人，不是更該使用嗎？

　　絕跡易，無行地難，為人使易以偽，為天使難以偽。聞以有
翼飛者矣，未聞以無翼飛者也，聞以有知知者矣，未聞以無知知
者也。瞻彼闋者，虛室生白，吉祥止止，夫且不止，是之謂坐
馳。夫徇耳目內通而外於心知，鬼神將來舍，而況人乎！是萬物
之化也，禹舜之所紐也，伏戲几蘧之所行終，而況散焉者乎？」

葉公子高將使於齊
——外交工作者的困境及其解脫之道

　　〈人間世〉一文是直接對準社會政治現象發言的，而且莊子特別要處
理的問題是人在社會情境中的心態立場問題，人的心態一方面決定於主
觀的生活目標，一方面決定於客觀的社會現實，兩者互動，構成一套生
活哲學。從主觀上講，莊子的生命哲學是以與自然天地齊一的境界為標
的，追求的是心靈的逍遙自適，不以人間社會的一般價值意義決定生活
行止。從客觀上講，社會現實是殘酷的、沒有理想的，生命的目標既然
不放在社會建構上，那麼生活的型態首重自清，自己要清淨於社會利害
的糾葛，然則如何清淨，因為社會的多重網絡的牽連總會沾染到自己的
身上，這就是我們所說的「困境」。政治改革者有困境，外交工作者也有
困境，葉公子高的困境就是屬於外交人員的困境，普遍化地說來，就是
指對外交涉時的難處，難在哪裡？任務的完成與否事關自己的利害、對
方主事者對自己是老大不客氣、言談時的語言輕重需要兩邊觀照、太一

往直前地揮灑才智時，自己的主官又不見得會欣賞。難！難！難！怎麼辦呢？「乘物以遊心，託不得已以養中。」這是莊子的結論。我們且看他如何說明。

楚國的大夫沈諸梁，於業地為縣尹，人稱葉公，字子高。一日，楚王欲其為齊使，沈諸梁十分擔心，知道這不是一個好差事，向孔仲尼訴苦，喃喃自語，把所有心中的苦楚都說出來了。當然真正說話的人是莊周，所以所有的觀念都交代得非常清楚。

莊子讓葉子高說：楚王要我使齊的任務太沈重了，難做喔！齊國大國也，對四方之邦以上臨下，對他國使臣之要求，表面上禮敬彬彬，卻總讓人家碰軟釘子，不會太認真地對待我們，別說齊國主事者是這樣，就連一般的平民百姓也是以大國之民自居，連他們都很難溝通，更何況是齊國的官員呢？這使我對這項工作感到非常畏懼。夫子您曾經對我們解說處事的道理，您說：在社會的大洪流中，任何臨到眼前的事情，都是難事，很少有不造成損傷的，這是一般人的共通現象，事情沒做好，遭到責罰，事情做好了，也常因勞心過重大喜大悲而對身體不好，只有有德者才能夠做到不論事情做得怎麼樣，都不會留下麻煩。夫子您說這話對我真是很重要的，您看看我，我平日粗茶淡飯，沒什麼大慾望，只想日子過得輕鬆即可，沒想到大王給了我這差事之後，讓我憂心如焚，「朝受命而夕飲冰」，就像生了熱病一樣，我都還沒有真正去碰這件事，就已經弄得身心疲憊，精神不支，要是一旦又把事情弄砸了，就又要遭殃，這真是裡外不是、兩邊不成，我這個沒有用的小官，不足以成事，我完蛋了，夫子您要幫幫我啊，趕快告訴我該怎麼辦吧！

葉公子高將使於齊，問於仲尼曰：「王使諸梁也甚重，齊之待使者，蓋將甚敬而不急，匹夫猶未可動，而況諸侯乎！吾甚慄之。子嘗語諸梁也，曰：『凡事若小若大，寡不道以懽成，事若不成，則必有人道之患，事若成，則必有陰陽之患，若成若不成而無後患者，唯有德者能之。』吾食也執粗而不臧，爨無欲清之

人，今吾朝受命而夕飲冰，我其內熱與，吾未至乎事之情而既有陰陽之患矣，事若不成，必有人道之患，是兩也。為人臣者，不足以任之，子其有以語我來。」

從莊子的眼光中看來，葉子高的困境有二，其一為心理上對任務的拒絕，其二為能力上的不足成事，其實兩者互為關聯。道家人物的智慧在這種事情上其實是最管用的，儒家主觀強、生命力旺盛，只管「要不要」的問題。道家精神上超脫、智慧通透、處事圓融，會管「怎麼要」的問題。葉子高生命氣魄不足，畏畏縮縮，不足以承擔儒者雄健的氣魄，根本就是「不敢要」的問題。所以莊子第一個要處理他的心態問題，第二個才要處理技術智巧的問題。

關於心態的問題，道家是不強於任事的，但是人生於天地之間，總有被牽扯的時候，總有不可逃脫的命運，所以就需要運用智慧來安然度過，道家的智慧就用於此，所以對於這個不可逃脫的命運，道家還是有所承擔的，重點在於生命態度上的「安時處順」、「安之若命」，不是抗拒、不是拒絕、不是逃避，而是在利害的觀念上轉換，不會因強要承擔而招致痛苦，而是對生命困境淡然面對，然後在機智超然中過關，因此應世之際沒有儒家那種崇高的榮譽感受心態，而是一種平常的隨順心，精彩有之，內心中卻水波不興。

莊子便又藉夫子之口說道：人生天地之間，對於父母親的照顧及君王的侍奉是不可免的責任，碰到了就要處理，沒有討價還價的餘地，這就是命與義兩個大戒。對待親長，不論自己在什麼處境，不論是貧富貴賤，只要父母需要，都要背起責任，這才是孝親的極致；對於君王的託付，不論是繁重簡易，不論是什麼事情，都要為其處理，這才是忠君的道理。至於我們在看待自己的生命的時候，我們要「知其不可奈何而安之若命」，這樣便是做到「哀樂不易施乎前」，這才是有風範德性的人該有的態度。你是為人臣者，你要忠君，你有難處是必然的，不過你還是要忠實地執行任務，而不能管自己的生死利害，你要管的是如何好好地

做完它，而不是在自己的感受上擔心害怕，所以你去就是了，這件事情沒有去不去、要不要的問題了。

　　仲尼曰：「天下有大戒二，其一命也，其一義也，子之愛親命也，不可解於心；臣之事君義也，無適而非君也，無所逃於天地之間，是之謂大戒，是以夫事其親者不擇地而安之，孝之至也；夫事其君者不擇事而安之，忠之盛也；自事其心者，哀樂不易施乎前，知其不可奈何而安之若命，德之至也；為人臣子者，固有所不得已，行事之情而忘其身，何暇至於悅生而惡死，夫子其行可矣。

　　莊子好硬喔！講起話來一副儒家的口吻，大約是他覺得葉子高不是一個可以造就的人才，不像顏回那樣可以把最深妙的道理理解深刻，所以在主觀的問題上，莊子並不打算把葉子高拉到道家的精神層次上，莊子仍只在儒家的觀念格局中談話，讓葉子高作個像樣的儒者，作個有氣魄的承擔者，這也是生命精彩的一個型態。如果是純粹的道家型態，莊子是不會要他陷入官僚層級中，為了保住官位而百嘗煎熬，最多因為口饞不得不向鄰人借錢打酒，而稍稍地忍受了社會的白眼。當然，不是每一個人都能像莊子那樣早早通透智慧奇揚，年紀輕輕就作了智者，多半要在社會打滾煎熬之後，因為才性本真、才情發露才會想走出社會牢籠的束縛。所以多數人在社會網羅中會碰到生命中不能承受之情境也是常情，所以仍需要脫困之法，因此莊子的發言仍是必須，但是在解脫之法中所發展的就是道家的主觀準則，這是沒有儒家的堅持摻雜在其中的。

　　莊子以儒家的意識型態安置了葉子高的心理情緒，讓他以不可逃脫的使命感來承擔任務，讓他不必在心理上患得患失，讓他把精神放在處理的技巧上用心，反正葉子高也了解，事若不成有人道之患，與其讓他在驚怕中辛苦地應付，不如讓他在威武中強勢而行。

　　莊子讓孔丘說：讓我再多告訴你一些我所知道的事情吧。關於你所

要面對的這種兩國外交的工作，它的真正困難的地方就在於說話者的角色扮演上，我們就從為什麼要有外交人員以及他要面臨的難處上來說說吧。兩個國家如果緊連在一起，凡事都互相影響，也沒什麼能瞞得過人的，所以只好實實在在地交往。但是要是兩國距離遙遠，為避免發生衝突，就要時時保持彼此良好的觀感，大家要好好溝通、彼此表達善意，才能維繫關係，這就需要有人來做傳話的工作了。然而傳話者的困境也就來了，兩國相交，利害第一，為維護自身的利益，總有多多少少的互利互害之事，有些事雙方都樂意接受，有些事雙方都難以接受，一個外交人員要傳達兩喜兩怒的言詞這就是最難的地方。難在於說話的分寸，分寸之難在於自己主觀情緒的帶入。言詞所表之意都是些聽了特別高興或特別不舒服的事情，所以說話者本身也就被帶出了情緒，也會跟著講得特別興奮或特別傷人，這就是溢美或溢惡之言，「溢」就會失真，失真時人家就會懷疑、不信任，這就是你們這種人要倒楣的時候了，所以古話說：傳話要完全忠於原意，切莫自己加油添醋。如果能做到這樣，那大約就能保住自己了。

　　丘請復以所聞：凡交近則必相靡以信，遠則必忠之以言，言必或傳之，夫傳兩喜兩怒之言，天下之難者也。夫兩喜必多溢美之言，兩怒必多溢惡之言，凡溢之類妄，妄則其信之也莫，莫則傳言者殃，故法言曰：『傳其常情，無傳其溢言。』則幾乎全。

　　原來作為一個使者的難處是在於自己的心態急求表現，而不是任務有多麼艱鉅，原來事情辦好、辦不好、辦得怎樣的程度這還是第二序的考慮，真正要關切的是自己在傳話的情境中如何保持情緒的穩定，使得語言能被平實地傳播即可，至於兩國之間的你來我往就隨其國運而定吧，說到底不是你們這些人該關切的重點，如果你的關切放在這裡，那你的命運就很慘了，不管你做得怎樣，都會有災難，這是一個絕對的兩難，千萬不要落入這個絕對的兩難之境中，要讓自己本身沒有重量，讓

兩國的國君自己來進行溝通對話，你只是隨著指令而動作，在不得不然的處境中傳達不得不言的觀念，守著自己的中立立場，這就是了，如果太想達成目標拚命講話不顧安危，那麼怎麼樣都不會有好的結果，這才是你們會覺得艱難的情況。

　　莊子續以孔丘之口而言：就像比角力的遊戲吧，本來是鬧著好玩的，所以開始的時候大家都是規規矩矩的，但是弄到最後都是搞小動作，最後逼急了，什麼丟椅子、動刀子的事情都來了，這就是當人類的野蠻爭心一旦被激起，那彼此之間是沒有道理可講的。又像大家以酒相敬，就算開始時人模人樣，喝到後來也一定會東倒西歪，當喝到失去理性的時候，吃喝嫖賭酒色財氣樣樣來，人類呀，是禁不起慾望挑逗的。所以身為一個使臣，重要的就是不能打開雙方情緒的篩子，否則一發不可收拾，倒楣的一定是自己。因為任何帶有競爭性質的事情，不碰則已，一旦引發，對於這些質樸粗魯的社會中人，及平日修養不夠的衣冠人士，和內心野蠻的意識隨時搶出的有權有勢者而言，那必定是像滾雪球一樣，沒有好結果，開始還像個樣子，只要有利害誘惑在其中，後來一定是亂七八糟，傷風敗德，最後都是會搞到不可收拾而出大亂子的地步，不用懷疑。

> 　　且以巧鬥力者，始乎陽常卒乎陰，大至則多奇巧，以禮飲酒者，始乎治常卒乎亂，大至則多奇樂。凡事亦然，始乎諒常卒乎鄙，其作始也簡，其將畢也必巨。

　　莊子又說：語言哪，就是會惹是生非的東西；行事哪，就是有得有失。是非風波一來，人人受到牽連；有得有失之際，危難隨而產生。所以說，搞得別人大怒以致自己遭殃的原因，就是因為說話說得不好，自己以為剖心挖肚，人家聽了卻覺得是巧言偏詞。野生動物在瀕臨死亡之前，呼吸不穩定，鬼哭狼嚎十分慘聽，此刻最易傷人，亟應避之。人際之間也是一樣，壓迫得太強的話，必然會心生反彈，那就會無所不用其

極地傷害他人，使你防不勝防，如果到了這個地步，其結果就難以想像了。所以古人又有告誡：不要更改國君的指示，不要過於力求成功。這些事都是做得超過了本分，只有壞事而已，就算你的勇於任事使得事情有了轉機，但你可知道，好的結果要經過許久才會顯現，一旦因為你做得太過度而壞事，那在你還來不及補救之前你已經要被殺頭了，所以能不謹慎嗎？能強出頭嗎？在做這項工作的時候，心情要放輕鬆，態度要從容，最根本的原則就是不要有成敗之心，你只是影印機和傳真機，而不是編劇和導播，拿到手上的臺詞照念就是了，在一種不得不然的憨直中表演你的忠誠，這就是自保的妙要，是「全生」哲學的應用，是操作哲學中的「養中」型態。如果一心真想著如何報效國家，就算犧牲生命也在所不惜地勇於任事，那麼不論事成不成，你都會遭殃，這就是絕對的兩難，這就是你先前所感受到的難處的根本道理。

　　　　言者風波也，行者實喪也，夫風波易以動，實喪易以危，故
　　忿設無由，巧言偏辭，獸死不擇音，氣息茀然，於是並生心厲。
　　剋核太至，則必有不肖之心應之，而不知其然也，苟為不知其然
　　也，孰知其所終。故法言曰：『無遷令，無勸成。』過度益也，
　　遷令勸成殆事，美成在久，惡成不及改，可不慎與！且夫乘物以
　　遊心，託不得已以養中，至矣。何作為報也，莫若為致命，此其
　　難者。」

顏闔將傅衛靈公太子
──教育工作者的困境及其解脫之道

　　教育工作者會有困境嗎？會的，不過類型很多，莊子所處理的是儲君之師的案例，這又是一件搞得不好就要殺頭的難事了，簡直就是伴君

如伴虎的情況。作為教育工作者，有不能不教的責任，但是對於一個如狼似虎的儲君，又有隨時身遭刑戮的危險，該怎麼辦呢？這是一個責任感的問題，但也是一個安全性的問題，因此歸根結柢為一個教學方法的問題。莊子提出了觀點，結論是，教導當然是要好好教導，但方法上一定要有技巧，免得自己遭殃，而關鍵就在相處的態度，要「形就心和達之入於無疵」，在保本的情況下再正常地扮演教導者的角色。所以莊子關切的不是要教什麼給他的問題，什麼該教就教什麼，重點在於怎麼個教法，而處理怎麼教的頭腦則又是放在對人類心理、情緒、潛意識的充分掌握，特別是對一位在權勢上高於自己的人物，他不是一般普通的學生可以任意打罵指責的，所以莊子要作老師的人充分掌握這種人物的心理，防止他的念頭轉到傷害自己的想法中，在適當的機會才施以教育，平常的用心則在相處而已，求其一個相安無事、彼此關係著的局面便是了。

莊子說：魯國賢人顏闔將要到衛國作太子的師傅，便向衛國的賢人蘧伯玉請教。顏闔說：這個衛國太子，天性嗜殺，不把人命當一回事，民眾稍有犯事，便在他手中送了性命，我現在要作他的師傅，如果沒教好，將來他繼位了，則我們衛國就很危險了，但是如果認真地教他，那一定會和他起衝突，而我就慘了，他這傢伙，剛好精明到一眼就看穿別人的過錯，但是他缺乏仁愛的胸懷，不會替別人多想想為什麼犯錯，說不定是有什麼苦衷，而予以寬貸，總之，你只要有任何把柄，他是絕不饒人的，你說像這個樣子，我該怎麼辦呢？

顏闔將傅衛靈公太子而問於蘧伯玉曰：「有人於此，其德天殺，與之為無方，則危吾國，與之為有方，則危吾身，其知適足以知人之過，而不知其所以過，若然者，吾奈之何？」

莊子讓蘧伯玉說：這個問題，問得好！千萬不要犯錯，一定要極為謹慎。首先，當然要端正你的行為，絕對不能有任何私德上的過錯。然

後在態度上，表面上要表現得客氣，行為上多予遷就，而內心的感覺也要平和些，在觀念的表達時，不要以言語牴觸。當然，如果只是這樣還是不夠的，而且會有危險的，因為「順始無窮」，我們雖然說行為上要讓著點，態度上遷就點，但是卻不是跟著為惡；我們雖然觀念上要讓著點，語言上要平和點，但是不是說我們的價值觀就都隨著改變了。行為上不跟他同流合污，觀念上不被他解除心防，否則的話，他做壞你就跟著做壞，那就是助紂為虐，禍害人間；他思想邪惡你也跟著是非不分，那就是你也聲名狼藉，自己變成了奸險妖孽之徒。順服的只是表面的態度，但是自己的行為和觀念都仍然守著正道，只是在相處的方式上要極為小心，不要讓對方因為自己的教導而引起心理情緒上的不快。他瞎鬧胡來，只要不涉基本人倫，那你也不妨跟著鬧鬧；他行為放縱，只要不是人命關天，那你也不妨有時跟著浪漫一下。總之，你要完全接近他，成為他的朋友，讓他成為一個願意和你分享經驗感受的人，不要給他學習上的壓力，但也不能被他把你同化，你一定要做到能夠隨時跟他站在一起，隨時能夠施以機會教育，而又永遠不會觸犯他的禁忌而自己遭殃，這就是相處的要點。

> 蘧伯玉曰：「善哉問乎！戒之慎之！正女身哉，形莫若就，心莫若和，雖然，之二者有患。就不欲入，和不欲出，形就而入，且為顛為滅為崩為蹶，心和而出，且為聲為名為妖為孽，彼且為嬰兒，亦與之為嬰兒，彼且為無町畦，亦與之為無町畦，彼且為無崖，亦與之為無崖，達之入於無疵。

這樣的方式是必要的，因為在很多的例子中，人類的心理是極為非理性、不理智的。一種情況是，因為炫耀自己才智的聰慧而遭禍；一種情況是，不懂順逆之道而激起別人原始慾望的情緒而遭殃；一種情況是，儘管愛護有加卻觸犯忌諱而遭凶難。這都是人心隱微的凶暴，真真實實，不可輕忽。

　　蘧伯玉接著便以實際的例子說明人心隱微處的凶暴本質。第一個例子，螳臂擋車，這就是牠以為自己在昆蟲界打遍天下無敵手的夾子真的是萬能無敵的，結果卻是慘死輪下。所以，不是每一種發揮到極致的才能都可以通行無阻，這個世界運作著多重網羅的規律，我們對自己的能力要謹慎使用，不要處處顯露，否則就很可能在我們完全無法理解的場合中敗下陣來。擁有一個人人敬重的大學者形象者，更需謹慎，因為這樣的人士往往更容易被推上本人無法承擔的歷史舞臺，所以人們首先要告誡自己不要炫耀才智，當你在太子前直來直往地講述自己的所學所聞時，很可能就是在激發他自卑不滿的情緒，當他的理性已經被情緒淹沒的時候，就是他會來傷害你的時候了。

　　　　汝不知夫螳螂乎？怒其臂以當車轍，不知其不勝任也，是其
　　才之美者也，戒之慎之！積伐而美者以犯之，幾矣。

　　第二個例子是養虎師的謹慎，他們都知道老虎是凶暴的動物，但是都能夠跟老虎和平相處，重點在於不要讓牠有機會進入必須使用凶暴本質的情境中，老虎的凶暴不過就是為了飲食飽腹，所以在餵食的時候，一不給牠活的動物，二不給牠整隻的動物，就是不要讓牠因為咬食之際引起凶殘之性而難於控制，因此除了定時餵食之外，在餵食時候不去激起怒心更是重點，所以這種凶暴的動物能與人和平相處就是因為懂得牠的習性，在對待的時候使牠平靜而不是使牠激動，這就是一個順逆不同的對待之道。我們在與太子相處的時候，本就知道他的凶殘之性，所以事事不要引導到能引發本性的情境中，要讓他生活在輕鬆安靜的環境裡，使他沒有發怒的外緣，自然也就不會暴戾傷人。

　　　　汝不知夫養虎者乎，不敢以生物與之，為其殺之之怒也；不
　　敢以全物與之，為其決之之怒也。時其飢飽，達其怒心，虎之與
　　人異類而媚養己者，順也；故其殺者，逆也。

　　再一個例子是養馬師對馬的溺愛，以竹籠裝馬糞，以寶器盛馬尿，假如剛好有蚊蟲叮咬，而愛馬的主人突然出手打蚊蟲，結果馬被嚇到，驚恐跳躍，則馬身上的口銜、頭籠、肚帶，統統都弄壞了，其實你的關愛不可謂不周到了，但是你的好意還是落空，甚至損失慘重，這就是說，對待的好壞固然是重點，但是對待的方式更要注意，如果犯其忌諱，對牠再好，牠一時衝動無法忍受之際，損失倒楣的還是自己的投資。所以我們在與人相處對待的時候，能不講究方法嗎？

　　夫愛馬者，以筐盛矢，以蜄盛溺，適有蚊虻僕緣而拊之不時，則缺銜毀首碎胸，意有所至，而愛有所亡，可不慎邪？」

櫟社、大木、楸柏桑
——可以盡年的社會生存哲學

　　莊子對於顏回、葉子高、顏闔等人物事件的發言，多少是抱著不究竟的感慨的，在社會的洪流中打滾，所需要的生活技巧鍛鍊得再高明，終究是不如遠離洪流；遠離洪流才是莊子在於人間的真正技巧，莊子本人如此，只是天下英雄才美之士多不如此，人人紛紛在場所中「與物相刃相靡」，而且莊子還頒發了一個美名給他們用：「天下有大戒二：其一命也，其一義也。」大戒是不可逃脫的命運，而且是帶著積極性限制的命運，不是自己「安時處順」地在觀念上解消即為解消的事件。表面上看來似乎是完全不得已的，然而仔細分析，這兩件事也絕不是如此必然的。就義而言，就算國君的生死授命，是天下無可撼動的驅策力量，但是莊子不求顯用於世，因而也根本不會有國君找他的事情發生，所以就義而言，莊子根本遠離了情境。至於命者，莊子對於父母、親人、朋友的生死都是抱持「安時處順」的態度，哀樂不能入，那更何況是對於親

人在生活中的強迫，大約這也沒有什麼不能逃離的了，於是在莊子本人真正的生活世界中，根本沒有所謂大戒的事情。莊子要過的是從頭到腳逍逍遙遙安安順順的生活，為了說明生命的應該如此，莊子接下來說了三段故事，提到三種樹木及一位先生，從它們的生存方式說明生活的意境，說明一種逃離社會洪流的生存技巧，最終得使自己養身盡年，這才是在於人間之不得已的生存哲學，這才是莊子本人追求的方式。

　　莊子說：齊國曲轅之處，有一株很大的櫟樹品種的社樹，大到樹蔭可以遮蔽幾千隻牛在樹下，樹幹粗到有百圍之大，看上去就像山一樣地高，樹幹到了十仞以上才開始分枝，光是粗的樹枝可以拿來做船身的就有十幾枝，這麼天大的一棵櫟樹，引人圍觀，絡繹不絕，如臨鬧市，然而有一位老經驗的木匠經過該地之時，卻看也不多看幾眼就走掉了，但是他的徒弟卻被這棵社樹深深吸引，因而逗留甚久，並對師父說道：自從跟老師學做木匠迄今，從來就沒有見過這麼好的木材，為什麼老師卻看都不多看一眼就走了呢？老木匠說：沒有用的啦，根本不用多說了，這根本是一棵不能使用的樹木，可用之材不是只要大的就好了，而是要材質良好，像這棵樹吧，做了船船會沈，做棺材則時候未到棺木就先腐爛了，做日常器物吧，沒用幾下就壞了，做門軸吧，它還會流汁哩，做梁柱吧，又易遭蟲蛀，這根本就是一棵材質極差、毫無用處的大爛樹，所以才能這麼長壽而長這麼大的。

　　　匠石之齊，至乎曲轅，見櫟社樹，其大蔽牛，絜之百圍，其高臨山，十仞而後有枝，其可以為舟者，旁十數，觀者如市，匠伯不顧，遂行不輟，弟子厭觀之，走及匠石曰：「自吾執斧斤以隨夫子，未嘗見材如此其美也，先生不肯視，行不輟，何邪？」曰：「已矣，勿言之矣，散木也，以為舟則沈，以為棺槨則速腐，以為器則速毀，以為門戶則液㯉，以為柱則蠹，是不材之木也，無所可用，故為若是之壽。」

　　孰知這位老匠人回去以後，晚上卻作夢夢到櫟樹和他說話，櫟樹責備他道：您老到底打算怎樣數落我呢？您是想把我和一般有用的樹木一起類比嗎？像柤、梨、橘、柚這些果樹之類，果子熟了就會被摘下，在被摘的時候就會受到傷害，大的樹枝被砍下，小的樹枝被拗曲，它們就是因為自己的有用之才能而遭受痛苦的。所以自然界中的任何一種生命，如果無法終其天年而早早被犧牲了，這些都是因為它們對人類社會的有用之功能才遭到傷害的，這是自然界生物的共同命運，就連你們人類也是一樣。所以有用之樹木就是會受到傷害的樹木，我因此努力地想做到一無用處已經很久了，其中也有好幾次幾乎要被用掉了，一直到今天所幸沒有被拿去做什麼用途，這就是對我自己最理想的大用了，如果我對世人有用的話，我還能長到這麼大棵嗎？不過話說回來，人類與樹木應該和平相處，你們人類和我們樹木都是自然界的一種生命，幹嘛一定要被你們利用呢？何不大家都回歸自然原始質樸生命的身分，而彼此互不侵傷呢？總之，你這個老不死的木匠，你是無法了解我這棵散木的用心良苦的。

　　　　匠石歸，櫟社見夢曰：「女將惡乎比予哉！若將比予於文木邪！夫柤梨橘柚果蓏之屬，實熟則剝，剝則辱，大枝折，小枝泄，此以其能苦其生者也。故不終其天年而中道夭，自掊擊於世俗者也，物莫不若是。且予求無所可用久矣，幾死，乃今得之，為予大用，使予也而有用，且得有此大也邪？且也，若與予也，皆物也，奈何哉，其相物也，而幾死之散人，又烏知散木。」

　　老匠人醒來之後，把夢中之事告訴了弟子，弟子就奇怪地問道：它既然希望自己是一棵毫無用處的樹木，那它又為什麼要做社樹呢？老匠說：別作聲，千萬別這麼說，它也只是藉著做社樹的方式討個生存的空間而已，它故意大搖大擺地待在眾人易見之處，讓人家批評它的材質不好，使得有經驗的木匠為了自己良匠的聲譽就都不願利用它，然後它就

可以安然地慢慢長大，愈長愈大之後，就可以做社樹了，如果不做社樹，恐怕人家又要嫌它太大而動刀斧修剪呢，所以說它對自己的保護方法和生活態度是與眾不同的，如果我們拿一般的常理來判斷，這是不恰當的。

匠石覺而診其夢，弟子曰：「趣取無用，則為社，何邪？」曰：「密。若無言，彼亦直寄焉，以為不知己者，詬厲也，不為社者，且幾有翦乎，且也，彼其所保與眾異，而以義譽之，不亦遠乎。」

莊子又講了第二棵樹的故事：南伯子綦到商地去，在山上見到一棵大樹，非常特異，大到樹下可以停放千輛的四馬駕車，子綦心想這麼大的樹木一定有什麼特別的地方吧，可是卻看到它的小樹枝，統統是彎彎曲曲的無法做棟梁；而較大的樹幹則是中間空腐而不能做棺木；舔一下它的樹葉，卻使口腔中毒潰爛；聞一下它的味道，卻讓人暈醉三日不醒。子綦終於領悟到，這棵樹根本就是一棵無用之樹，也就是因為這樣才使得它能長到這麼大，這簡直就是一棵神木，它根本就是故意以這種無用的方式來爭取生存權力的。

南伯子綦遊乎商之丘，見大木焉，有異結駟千乘，隱將芘其所藾。子綦曰：「此何木也哉？此必有異材夫！」仰而視其細枝，則拳曲而不可以為棟梁，俯而視其大根，則軸解而不可以為棺槨，咶其葉，則口爛而為傷，嗅之則使人狂酲，三日而不已。子綦曰：「此果不材之木也，以至於此其大也。嗟乎！神人以此不材。」

莊子又講了第三種關於樹木的故事，宋國荊氏地方，土壤氣候皆宜於種植上選的木材，如楸、柏、桑等樹，當這些樹長到一、兩個手掌可

握住的大小時，就有人把它砍去做養猴子時讓猴子攀騰跳躍的橫柱；當它長到三、四個人兩手環抱那麼大的時候，又被人砍了去做高級住宅的屋間棟梁；長到七、八人圍抱那麼大的時候，更會被有錢人家買來做棺材板。所以這些上等樹木之所以無法從出生後自然地長大到枯萎死亡，就是因為它們對人類的需要而言實在是太好用了，這就是有用的麻煩。就像在祭神消災的儀式中，不管投河的是哪一種動物還是活生生的人，都是要成長得完好的生命才可以，如果是牛，就不能額頭上有白色毛皮，如果是豬，也不能鼻子高聳，如果是人，身上長痔瘡的也不行，這些都是祭祀的巫師們所訂下的規矩，因為他們認為這樣子的生命是不吉祥的，祭了也沒有用，可是對於有智慧的人而言，祭師們所認為的不祥卻是它們所認為的大祥，因為自我全生保身的意義，無論如何都高於被世俗利用的價值。

> 宋有荊氏者，宜楸柏桑。其拱把而上者，求狙猴之杙者斬之，三圍四圍，求高名之麗者斬之，七圍八圍，貴人富商之家求樿傍者斬之，故未終其天年而中道夭於斧斤，此材之患也。故解之以牛之白顙者與豚之亢鼻者，與人有痔病者不可以適河，此皆巫祝以知之矣，所以為不祥也，此乃神人之所以為大祥也。

支離疏
──可以不被社會役用的生活哲學

支離疏，人如其名，全身被莊子描寫得極不像話，那種支解扭拗殘破的肢體景象，說得真教人心中悲苦，不忍下筆，他的生活怎麼過呢？他替人家縫補、洗滌衣服可以賺個溫飽，如果幫人家卜卦算命則可以養活一家十口，日子還是過得去的。當國家需要徵兵保土之時，支離疏可

以大搖大擺地走來走去沒有人會徵召他當兵，就算只是找人服服勞役，他也因為有病在身而不用工作，可是一旦官府推行社會福利政策的時候，他卻可以領到三鍾的米和十束的木柴。一個人的身軀遭受支離之後，便可以依自己的意思過日子，那麼一個人的德性才能如果可以不顯於外的話，那不是更能追求一種更為真實自然的生命嗎？

> 支離疏者，頤隱於齊，肩高於頂，會撮指天，五管在上，兩髀為脅，挫鍼治繲，足以餬口，鼓筴播精，足以食十人。上徵武士，則支離攘臂於其間，上有大役，則支離以有常疾不受功，上與病者粟，則受三鍾與十束薪。夫支離其形者，猶足以養其身，終其天年，又況支離其德者乎！

「支離其德」是把能用世的才華予以支解，從而隱匿，其實在心境中有著更高明的「全德之才」，是道家「才全」的境界，這個觀念在〈德充符〉篇中成為主題，描寫如何解消世俗認知的光彩表徵，沁入心靈內斂的平和之修養中，從而完成一種在己與對人的生活人格，無比完滿。

鳳兮鳳兮
——對德治主義政治理想的批判

〈人間世〉的故事講到最後，有幾句話莊子不得不明講了，但是他還是不明講，不過他其實已經明講了。殺身成仁乎！捨生取義乎！揮灑一世之豪雄，建立萬世之太平，何等的氣魄，多大的胸懷，莊子卻冷冷地予以推開了，撥除那一層使命感的堅持，直要你看清真相，真教古往今來多少英雄男子強忍深抑，在熊熊的企圖中卻要忍忍地放下，明明是魂縈夢繫卻要知其不可而忍之，多麼難呀！卻又多麼不得不然呀！當道德

信念成為一種對他人及自我要求的時候，它對他人的有效性會落空，它對自我的要求也就失去了根本義，因為道德的信念必然是內在於人際意識中的活動，所以單方面的堅持只是一種意義感的虛榮。如果真正震撼性的力量，並不僅是道德使命，那該是什麼呢？莊子的思考是選擇了從根本上返回自然的無所要求的心念，從而打掃出無窮的心靈空間，為那逍遙的嚮往整備裝備，然後藉著〈德充符〉一文談出修養「全德」的心性功夫，並在〈大宗師〉文中以「真人」的面目示現，最後在〈應帝王〉文中清淺地回應帝王事業的召喚，揮一揮衣袖，不沾惹任何的帝王霸業。

要不要作聖人？這是一個問句。莊子不要作社會建制階層中為人所用的人物，那麼在天下人之前領導觀念、呼籲奮起，作精神的導師、時代的舵手的人物要不要呢？孔夫子是這種人物的代表，莊子心裡明白，但是莊子也拒絕為此。在〈齊物論〉中述說了那麼多的批判性意見之後，莊子認為歷史的發展永遠在人們的自找麻煩中進行，事業功勳的意義是人們的成心堅持。莊子無力改變世人，只能對於有心學習超越之道者提供深刻的功夫鍛鍊之法，至於人們為什麼總是如此執迷？莊子並無解說，他直接從社會現象的觀察中定下結論，社會的改革是徹底地無效，因為無效，故而投身於此是根本沒必要的，所以莊子不作孔丘般的人物。甚至否定孔丘有作聖人的機會，只有如〈逍遙遊〉中的帝堯才有機會，因為時代給了他條件，至於莊子的時代，這種社會意義的聖人更是不可能、也是不必要追求的。莊子因而選擇了自然義的聖人，如〈逍遙遊〉中的「至人、神人」，或〈大宗師〉中的「真人」。

說到底，人類的執迷才是問題的根本關鍵，道家哲學在執迷的現象中冷靜地分析下一步的走法，對於解決人類的執迷，莊子提供的是一條智慧之路，是在觀念上清醒地認知社會世界的虛妄，至於那永遠執迷的人物該怎麼辦呢？又為什麼人類多半會執迷呢？莊子沒有處理，這是他冷酷的地方，也是他在觀念的交代上沒說明到的地方，我們也無從逼問了。

　　莊子藉楚人狂接輿的口吻說出了對儒家的千古批判，首先安排孔夫子到楚地宣教，而由狂接輿在儒門之前大放厥詞：鳳鳥啊！鳳鳥啊！為什麼總不出現呢？我知道這不能怪你，因為這是一個道德的衰世呀！美好的未來遙遙無期，美好的過去早不可追，這是一個多麼糟糕的時代呀！既然時代這麼糟糕，那麼我們該怎麼辦呢？我們該去投身社會領導世人成就一世的功業嗎？我們該去四處奔波、演講教學、勸人止惡行善，成就我們聖潔的德行嗎？不，不可行的。聖人嘛！這是閒人的玩意兒，唯有承平的歲月，人們才有心思認知美好的理想國色彩，而由最會著色的畫家當選聖人，所以「天下有道聖人成焉」，聖人之名唯公認而得，又有何難，然而今日非此時也。當時事動亂，人們須身體力行地挺立於時代之風潮的時候，那英雄豪傑紛紛出籠，然而勝負之數仍在未定，未來天下尚無誰屬，所以僅有其志仍無其名，曰「天下無道聖人生焉」，這是個人人有機會的時代，然而今日亦非此焉。

　　孔子適楚，楚狂接輿遊其門曰：「鳳兮鳳兮！何如德之衰也，來世不可待，往世不可追也，天下有道，聖人成焉；天下無道，聖人生焉。

　　莊子說：當今之時，征戰殺戮，哀鴻遍野，一旦戰火波及，人人危在旦夕，我們這些苟活之人，乃僅免刑焉者。在征戰禍亂的時代是沒有聖人的，因為人們沒有時間研究學問、選舉賢良，人們或為武夫將帥執行殺人的工作，或為難民百姓成為悲劇的主角、歷史的塵埃，沒有任何人有扭轉乾坤的能力，沒有任何人能改變世界。美好的生活理想，像羽毛般輕飄飄地多麼不真實，抓也抓不到，然而社會之中到處充滿了危機陷阱，一不小心就會身遭刑戮難免其刑，所以別想改革了，別想追求幸福了，應該要逃避災難才是道理。

　　方今之時，僅免刑焉，福輕乎羽，莫之知載，禍重乎地，莫

之知避。

　　莊子說：然而像孔丘這樣的人卻還想要追求那不可能實現的夢想哩，卻還不知道要極力避免災難哩，他心想著以道德為治世之理，這根本是不可能的幻想，一點兒用都沒有，這是自己欺騙自己，以為社會的改革仍然有路可走，其實仍是自己的幻想。社會改革之路一片黑暗，就像荊棘叢生，我們還是別去硬碰硬地傷害自己吧，我們還是識相知趣地逃離此境吧，至少保保老命留一點兒本哩。材質良好的樹木就因為自己的材質而遭到人們的砍伐，油膏就因為它的可燃性而讓人們引為火種使自己被焚，桂樹有果故遭人砍以取果，漆樹有漆故遭人割以取漆，人們總想以己之所能而貢獻些什麼，殊不知這正是將自己的命運交給吃人的世界、危險的世界。人們總不肯多想一想，是不是可以尋找一條不與社會相刃相靡的生存之道，讓我們以自己的需求為自己而活，而活得輕鬆些自在些呢？

　　　已乎已乎！臨人以德，殆乎殆乎！畫地而趨，迷陽迷陽！無傷吾行，吾行郤曲，無傷吾足。」山木自寇也，膏火自煎也，桂可食故伐之，漆可用故割之。人皆知有用之用，而莫知無用之用也。

德充符

　　〈德充符〉這篇文章講的是莊子學思中的高境界人物，描寫一般人眼光中所見到的高境界之人物的特徵，及道家人物對自己內心境界的詮釋。文中最重要的觀念是「才全德不形」和「全德」，是在強調高境界人物在外在形象上的隱匿，及內心境界上的完滿與平和。「全德」者不以外貌、行誼之光耀展示較競，他們追求智慧的充實、心境的祥寧，而不務於外緣的風采。所以〈德充符〉全文是在說「境界」；是說明在追求超越的嚮往中，當通過了知識的洗鍊、全生的保養、人間世的對應之後，在內心世界中，人的主體修養意境為何的文章。

魯有兀者王駘
──莊子心目中的教育者之形象

　　莊子心目中的道家聖人境界是不同於儒家型態的聖人境界的，莊子為了說明他的道家人格與儒家聖人之差異，特別喜歡用一些和孔子有關的故事來講述，既然是故事，就多半不是真實的事件，所以我們不能把莊子的故事當作史實來閱讀，故事就是故事，我們要學習的重點，是莊子在這些故事的背後所要告訴我們的哲學觀念是什麼？而同時，莊子是一個極會講故事的人，他不僅把他的哲理蘊涵在故事當中，他還能在故事描寫的表現手法中，讓讀者透過意象的鮮明對比而強烈地感受到他所要表達的思想。

　　〈德充符〉要討論道家人物的境界，卻先拿孔夫子來作文章。孔丘是儒家學派的領導者，孔子本人的思想行誼就代表了儒家的理想境界，而且我們都知道，孔子是魯國人，周遊列國之後晚年在魯國教學，門下弟子三千人，而莊子一開始講故事，就先虛擬了一個人物，故意和孔子的傳統形象唱反調。

　　莊子說：魯國有一個叫作王駘的人，是個斷了腳的人，他有很多的

學生，他是在魯國教書的，而且他的學生的人數幾乎和孔子的學生一樣多。哇！開戰了。

　　　魯有兀者王駘，從之遊者與仲尼相若。

　　一個斷腳之人就是一個外型不好的人，甚至他之所以斷了一隻腳還有可能是因為曾經犯了罪而被削掉一隻腳，但是莊子就喜歡用這樣的人物當作故事的主角，特別是莊子書中愈有境界的人物他的外型就愈為怪異，這又顯示了莊子行文的手法，他要改變世人對於一般價值標準的執著，因此故意運用形象的鮮明以刺激讀者的思維。其實境界的高低根本和外型的美醜無關，但是我們通常都喜歡那些美的而忽略那些醜的，這是因為我們不知道那超越形貌的心靈、精神才是真正的境界所在，所以莊子首先藉著王駘的外型來刺激我們的習慣性思維，這樣的手法在〈德充符〉這篇文章中不斷地被運用著。

　　莊子要講出對比於孔夫子的一個高明的境界，他除了找出這個形貌不揚的王駘作主角以外，他還侵占了孔夫子的教學地盤，居然說王駘在魯國教學，學生人數和孔子一樣多，這豈不使我們一般常識中的大教育家孔子的形象受到了威脅？是的，這就是莊子的目的，所以他才可以藉機講出他心目中真正有境界者的內涵。於是莊子透過常季先生請教孔夫子的一段對話來描寫王駘的高明之處，更藉孔丘的回答來彰顯這個高明的真實性。

　　莊子藉常季問道：王駘到底是怎樣教學的呢？從外表上看，他其實毫無所教，或站或坐從不表現出教學的姿態、從不發表理論性的觀點，但就在這種生活方式中，他所有的學生卻從一無所有地去學習，到充實飽滿地受益良多，這實在令人非常疑惑，難道真的有一種教學法是不需要語言、文字、理論、言說，沒有任何表達而還能讓學生自己完全了解的嗎？如果真有人能這樣地教他的學生，那麼這是一個怎樣的厲害人物呀！

常季問於仲尼曰：「王駘，兀者也，從之遊者與夫子中分
魯。立不教，坐不議，虛而往，實而歸。固有不言之教，無形而
心成者邪？是何人也？」

透過常季這樣的詢問及描寫，莊子給了我們一個關於王駘的大約形
象，但是這個形象是一個不懂王駘境界的常季所描繪的，所以他所認識
到的王駘只是他的外在形象，也就是一般人眼中對道家的高境界人物的
觀感，所以這個認識極不徹底，但是他的問題卻問得極好，對於一個老
師而言，真的有「不言之教，無形而心成。」的教學方法嗎？莊子的答
案當然是肯定的，因為這正是莊子要藉常季之口來提出的一個觀念，這
也是我們以下的討論要認真追蹤的一個道理。常季問完了，該仲尼回答
了，當然這個孔丘是莊子的虛擬，一個儒家聖人境界的孔夫子是不會這
樣回答的，所以這些答案的提供者其實就是莊子本人。

莊子藉孔子之口極誇張地說：王駘簡直就是一位了不起的聖人，他
有那麼多的學生是必然的，我自己早就想去拜訪他，只是一直還沒去
呢！他其實才是真正的大教育家，我都打算拜他為師，何況那些不如我
的人們，如果我真的準備好了要去作他的學生的話，那麼不只全魯國的
人，我甚至要介紹全天下的人都來作王駘先生的學生呢！

仲尼曰：「夫子聖人也，丘也直後而未往耳。丘將以為師，
而況不若丘者乎！奚假魯國！丘將引天下而與從之。」

這番話說得可以教所有讀儒學書的人火冒三丈，魯國是儒學文化重
鎮，孔子又是儒學宗師，居然要孔子率天下人向王駘學習，也就是向莊
子學習，簡直不可理喻，這真是莊子令人討厭的地方，但這也正是莊子
高明的地方，先讓你們生氣吧，引起你們強烈的情緒，然後他可以慢條
斯理地娓娓道來，不怕你們漏聽了他的任何講話。莊子是在運用人類的
心理情境，唯有在心理情境中讓學習者達到求知的高度衝動時，他的教

學才會有所實效。

孔子的這一番回答只是表達了立場，說明自己是站在肯定王駘的這一方，至於道理何在，尚未說出，所以常季還是只能在原來問題的層次上再作追問。

莊子讓常季說：這個斷腳的傢伙，先生您居然認為他比您還行，那他和一般人比起來豈不更是天差地遠了，告訴我，他的頭腦裡到底有些什麼特別的想法呢？

> 常季曰：「彼兀者也，而王先生，其與庸亦遠矣。若然者，其用心也獨若之何？」

我們從前面幾篇文章的討論中，已經注意到了莊子的思想世界特別地注重關於人的生死、天地萬物的變化、社會生活的目標等等問題的探討，而莊子更提出了自己獨到的看法，這些看法最後就導出一個生活的意境，這個意境便是莊子用來回答常季的問題的重點。

莊子假夫子之口說：像王駘這種境界的人物，他對於自己的生死以及天地變動這樣的大事，都毫不動心；因為他的內心自有一套以深刻知識為基礎的真理觀，他以這個真理觀為生活態度的基礎，並不依賴一般社會常識裡的價值原則，人們因環境變化而產生身心的強烈感受，對於莊子而言卻是平常的事，他不會跟隨著一起激動的；他就是悠適地看著事務的變化，而絕不攪動自己的內心，他自己是永遠平靜地生活在內心高遠的真理世界中。

> 仲尼曰：「死生亦大矣，而不得與之變，雖天地覆墜，亦將不與之遺；審乎無假，而不與物遷；命物之化，而守其宗也。」

這樣的回答，是在指出這個境界高明者對待社會生活的態度，但是這樣的態度一定有一個背後的真理觀作為基礎，仲尼在這裡只說出了態

度卻沒說出持此態度的理由，常季當然還是不解其意，常季再問而仲尼再答，莊子便藉孔子之口把他自己思想觀念裡面最深刻的道理直接說出，也就是把莊子心目中的理想人物對於這個世界的根本道理的認識直接講出來，這個高明的王駘之所以會有這樣的形象，用這種方式教學，又有這麼多學生跟隨他，就是因為他心中所領悟的這些根本道理。這個根本的認識就是：「把天地萬物視為齊一，從而在內心中對任何事務都不予區別，因此永遠能保持一個心境上的平和。」

　　莊子的話是這樣說的：這個世界中的所有事務，如果我們先建立一些分類的標準，那麼任何在常識上接近的東西，都可以在知識上距離遙遠。例如我們身體內的器官，可以因醫學的研究需要，成為獨立的肝臟學及膽學，從而使得兩者在學術上有著極大的差異；就像楚國和越國，雖然都是南方的區域，但其實是兩個國家一樣。不過這是我們有心建立分別的標準才會這樣的，如果我們並不是有心分別，那麼這世界上的所有事務都可以被我們平等地對待，美醜、善惡、大小、多寡、貧富、遠近、好壞、香臭等等，都是因為我們有了分類的標準才使得它們變得如此地對立。如果我們一開始就不去建立分別的標準，那麼，在我們的內心中就沒有這麼多的興奮或痛苦，我們將不因眼中所見的不平與耳中所聞的不快而產生內心的衝動，從而採取任何意義下的意識堅持，好像我們非得怎樣做日子才過得下去。如此，我們便能夠永遠保持著心境上的平和，那麼所有的心靈也就安靜了下來，沒有得與失，即使我斷了一隻腿，也不過就像掉了一塊泥土一樣地平凡，沒有什麼好在意的。

　　　　常季曰：「何謂也？」仲尼曰：「自其異者視之，肝膽楚越
　　　也；自其同者視之，萬物皆一也。夫若然者，且不知耳目之所
　　　宜，而遊心乎德之和；物視其所一，而不見其所喪；視喪其足，
　　　猶遺土也。」

　　這是一種功夫上的內外同一法，客觀的知識要成為生活的態度需要

在心靈中不斷進行意識強化的工作，這是修心的功夫，是在心靈中進行著使現象的認知意義趨向同一的修心功夫。

這樣的一番道理，又是從莊子本人對這個世界的根本理解中說出來的觀點，這個觀點的重點在於以齊一的胸懷來對待世界的紛紜，它的效果在於能夠在修心的功夫上達到心境的絕對平和之狀態，但是這個胸懷本身必須又是依據於「世界實相」的真理，從莊子〈齊物論〉文中的「世界觀」說來，物與物之間沒有必要作絕對的區別，因此人對事的看法雖然可以有角度的不同，卻沒有必要作意見的堅持，所以莊子提出我們應該以一種齊一的胸懷來對待紛紜的社會事務，這是莊子對世界存在的根本認識，也就是莊子的真理觀。這樣的真理觀需要以足夠的心胸才能滲入契合，所以不只需要知識上的接受，更需要的是一種心理的修養。

常季能夠理解到這一點，所以他說：那這是一種自我修養的真理觀嘛！是經過了知識上的理解，再經過心胸上的修養，再普遍化成為對待他人的原則。但是，這畢竟是屬於自我修養的東西，為什麼王駘在修養自己的功夫當中卻能使他人願意聚集到門下來學習呢？

　　常季曰：「彼為己。以其知得其心，以其心得其常心。物何為最之哉？」

常季這個問題問得非常好，當然，因為這個問題本來就是莊子在問的，而且，這個問題對莊子而言根本不是問題，但是卻超出一般人的理解，所以莊子要特別提出來說明，為什麼一個老師光修養自己就能使學生受益？並且喜歡親近？這個問題就等於前面問的「不言之教，無形而心成。」的教學方法，這種教學方法，正是莊子要提倡的呢！

因此莊子又藉仲尼之口而說道：就教學的原理而言，所有的學習者，都是要求一個不變的道理，所以作為一個被學習的對象而言，他一定要能夠在自身中做到對自己的真理觀念的身體力行，唯有自己堅持於不變的真理之中，才能使他人對於這個真理產生信服感。但是這樣的老

師難求，因為人們通常沒辦法堅持在真理的道路上，人們總是會為外在的事務變化而擾動心境，隨著世俗的價值而心情起伏，所以我們前面說到，王駘擁有的修心功夫正是使他能成為一個好老師的關鍵。我們從自然界中來觀察一下吧！所有的植物都從地上生長，土地無私地提供了生長的基礎，然而到了冬天氣候寒酷之時，卻只有松柏類植物能保持青綠，顯見在植物群之中能做到保持常態者也是不多的；再看看歷史上的人物吧，如果我們同意舜帝是一位能安定百姓的君王，那麼我們就可以想想看，能做到君王之位者是何等的尊貴，如果沒有老天的安排，誰能有此福分，但是歷史上的君王眾多，卻是只有舜帝一人能夠做到堅持自己不變的真理觀，因為自己做得到，所以能夠感化眾民，建立一個康泰的時局，受到人民的愛戴，這又見出，做到身心一致的功夫是何等的不易，當人們能做到正己之時，他人的衷心效習才有可能。

　　仲尼曰：「人莫鑑於流水，而鑑於止水；唯止，能止眾止。
　受命於地，唯松柏獨也在，冬夏青青。受命於天，唯舜獨也正，
　幸能正生，以正眾生。

　　莊子接著再說：這些道理更簡潔地說，就是要求一切行為都要掌握一個根本的道理，掌握了根本道理而不為任何外在力量所左右之後，便會產生真正的力量，真正的大無畏之精神。例如戰場上的將軍，為了追求功名，能以一人之勇，英雄式地衝入千軍萬馬的戰陣之中，毫無所懼。所以，做任何事情，有真理觀的絕對堅持是何等地重要啊！雖然這個境界一般人很難做到，但是假如有任何人能做到，那就像使一個平凡的戰士成為一位偉大的英雄一般，平凡的戰士尚且如此，那麼像王駘這樣修養高深的人物，他所能達到的境界就更無法限制了。王駘因為深知天地萬物變化的根本道理，所以他就好像是天地的主宰者、萬物的撫育者，他站在精神上這樣的高超境界之中，對於現實社會便只視若過客，他對自己的形骸耳目也只認為是精神生命的借居之處，對於世俗社會中

的一般常識之態度，總以齊一的胸懷對待，毫不涉入情緒的擾動，僅有心靈的活動是絕對的，四肢耳目形體就像已死之物，像他這樣的生活態度，似乎只等待著有朝一日，要登天成仙，人們因著他行誼的高遠意境，而自動來親近他，向他學習，他當然也不會去招徠學徒，因為這些都不是他要從事的活動。

> 夫保始之徵，不懼之實，勇士一人，雄入於九軍，將求名而能自要者，而猶若是。而況官天地，府萬物，直寓六骸，象耳目，一知之所知，而心未嘗死者乎！彼且擇日而登假，人則從是也。彼且何肯以物為事乎！」

申徒嘉與子產
——對執政者虛驕身段之批判

　　人世間的價值堅持有許多型態，政治世界中的尊卑貴賤之等級觀便是其一，子產代表了官僚體系中的上層人物，一身的政治氣息卻不自知，總是以身分的貴賤來要求周圍人的行止，更以為他所依據的道理是天經地義的呢。申徒嘉是求道的學徒，代表追求真理的道家人物，他與子產展開一段對話，終於逼使政治人物子產見到了自己的污濁。

　　申徒嘉也是一個斷了腳的人，子產是鄭國的大官，伯昏無人是兩位的老師，大約子產在社會事業中積極進取，爬上了政治權力的核心地位，但是平常仍然到老師的住處聆聽教誨。追求官位的人，容易沾染官場的習性。有權位的人，能夠決定別人生存上的利害，於是在和一般人相處的時候，自然產生傲慢的習性。而官場中的在下位者，也會習慣於以卑下的態度禮敬在上位者，以求取自身的政治利益，這使得不會自我反省的在上位者，有意無意間便總以為自己本就應該被人尊崇、被人服

侍，使得政治生活中的高下職位成為了社會生活中的貴賤關係，於是在一般社會生活的模式中也習慣性地以官場中的排場來進行。

　　莊子開始講故事了：當子產回到師門中和昔日的同窗並席聽教之時，那種官場進退的禮節一套就拿出來教訓人了，他深知申徒嘉是市井粗人，從來沒見過大場面，根本不知道所謂的禮節，所以就事先警告申徒嘉，以後來到伯昏無人的處所，不要和他同時進出，以保持子產獨自使用空間的尊榮。沒想到申徒嘉根本就沒把子產的告誡放在心上，還總是像同學般地和子產同進同出，所以在第二次兩人又同在師門聽課的時候，子產便再次要求申徒嘉要尊重他的地位，甚至說到自己的地位高於申徒嘉，一個平民怎能不避開大官，難道自以為和執政者地位相同嗎？

　　　　申徒嘉，兀者也，而與鄭子產同師於伯昏無人。子產謂申徒
　　嘉曰：「我先出則子止，子先出則我止。」其明日，又與合堂同
　　席而坐。子產謂申徒嘉曰：「我先出則子止，子先出則我止。今
　　我將出，子可以止乎，其未邪？且子見執政而不違，子齊執政
　　乎？」

　　申徒嘉聽聞此言，理解到子產已經受到了權力氣息的侵染，已經在自己和他人間畫出一個上下的鴻溝，因而不再能輕鬆地與他人相處，而會隨時挑剔他人的缺點，便說道：在老師的教導下，怎麼會有像你這種官聲官氣的學生呢！你因為自己做官就以為地位高高在上，因而對他人輕賤侮辱，我們曾聽過一句話：「鏡子如果真的很明亮，那麼掉下來的灰塵也不會沾在上面，如果有灰塵可以沾在上面的話，那就表示這個鏡子本來就是有污垢的。如果我們是和心靈清澈沒有機心的賢人在一起，由於他不會去計較我們的缺點和不足之處，所以我們也不會因為這些缺點被揭發，而感到自己是一個有過錯的罪人。」沒有錯，我是因為過去的一些錯誤而喪失了一條腿，但我們到老師這裡來學習人生的道理，就是要求得一個內心平和的心境，老師已經把齊一的胸懷教給了我們，而

你卻還陷溺在這些利害計較的價值泥沼中，你是不是太不長進了呢！

申徒嘉曰：「先生之門，固有執政焉如此哉！子而說子之執政而後人者也！聞之曰：『鑑明則塵垢不止，止則不明也。久與賢人處則無過。』今子之所取大者，先生也，而猶出言若是，不亦過乎？」

子產顯然是沒聽進申徒嘉話中的道理，因為他仍然一心一意地堅持在權勢地位的高貴感之中，所以他又以責備的口吻罵申徒嘉說：你既然知道自己是一個犯過錯的人，講起話來卻一副自比堯舜般地崇高，我看你根本就是一個無法自己反省自己的人。

子產曰：「子既若是矣，猶與堯爭善，計子之德不足以自反邪？」

子產和申徒嘉都責備對方沒有辦法自我反省，那麼這個爭執怎麼解決呢？那就在於彼此進入對方的心靈世界中感受一下，申徒嘉感受到做官的尊貴卻覺得仍然不值一顧，如果申徒嘉為官場的排場怦然心動，興起一股英雄豪傑之情、男子漢的氣概，以為大丈夫當如是也，那麼就是申徒嘉吵輸了，他會立刻向子產道歉，並希望將來能靠子產謀個一官半職，而子產也可以再次真實地印證了求功名之價值的崇高性，並且為自己前半生的努力與成就感到自豪，當然偶爾會謙虛地說道這沒什麼，都是靠鄉親的幫忙。這是這場爭辯的一種可能性結果。另一種結果是，子產進入了申徒嘉的心靈世界中，體會了求道者追求心靈平和的純美輕鬆自在之喜樂，因而深深體會到自己心靈中的污濁與卑下，從而慚愧得不知所以。

到底這場爭辯的結果是怎樣呢？結果是在申徒嘉更深刻地說明求道者的心靈境界之後，子產終於領會到這種意境的深度，因而懷愧道歉。

在莊子的觀念裡，任何人都是會犯錯的，重點在於我們要以一個平和的心靈去接受這種人性的弱點，不要以過度悔恨或故意掩飾的方式來對待它，平實地面對自己，從而坦然地面對他人，更進一步以齊一的胸懷面對整個社會、整個世界，在一次次的心靈洗滌之功夫中，逐步進入一個求道者的真理境界之中。

　　莊子藉申徒嘉之口說道：如果犯錯之人都要受斷足之刑的話，那麼這個世界上所有的人，大概都得被砍掉腳了。不過，人們的反應卻各不相同。驕傲的人，即使已經知道他們自己犯了錯誤，卻一定會努力辯稱自己沒犯錯，不應受足刑，而這是大多數人的情況。當然也有少數過度自謙的人，即使別人不知道他做錯了什麼，他也不見得就真的犯了什麼大錯，卻仍然覺得自己有錯，應該和犯錯者同受足刑，這種人雖然比較少，但也是有的。其實，在這個社會中生存著的每一個人，都難以避免因為人性的弱點而偶有犯錯，面對這樣的人性實然，不論是自己的錯誤還是他人的錯誤，都能夠安然處之，視為平常，不去過度在意，心平氣和地接受，從而開放心靈面對社會的結果，這是有德者才做得到的。

　　　　申徒嘉曰：「自狀其過以不當亡者，眾；不狀其過以不當存者，寡。知不可奈何而安之若命，唯有德者能之。

　　申徒嘉繼續說：錯誤沒什麼了不起，平時修心的功夫不足，面對衝突的情況，情緒一時起來，自我控制力不夠，說錯了話做錯了事，這是常有的現象，就像一個人走在堯帝時代最厲害的射箭師——「羿」的射程範圍之內，又站在他正要射箭的目標物中央，那正是箭矢要射中之處，他一定是會中箭的，如果居然沒被射到，那只能說他真是運氣太好了。

　　　　遊於羿之彀中，中央者，中地也；然而不中者，命也。

　　這個故事是要比喻我們這些世俗中的人物，在社會生活中打滾，多少誘惑、多少利害、多少慾望時刻浸染，能不陷溺嗎？陷弱之後鑄下大錯、受到傷害，這是多麼平常的事呀！但是如果有人卻沒有受到傷害，那這只能說是他命好而已，並不表示他和別人不一樣，從不陷溺、從不犯錯，所以我們對於受到刑罰的人不應該有太多的譴責，如果此人本來秉性純樸且有心向上，我們何妨忘記他的過錯不去揭發他，然後關懷著他的成長，給他機會，讓他再次展現出新的氣象，這樣不是很好嗎！

　　申徒嘉繼續說：過去，每當我被周圍的人笑我所曾犯的過錯時，常常讓我大動肝火，後來到了老師這裡，我那些氣自己做錯事的自責、痛恨等情緒卻不見了，因為我已經在不知不覺中被老師把我的犯罪感給化除得無影無蹤了。我和老師在一起十九年來，從來沒有再去想起以前的錯誤，今天的我就只是一個追求心靈清澈平和的求道者，心中早已沒有這許多的善惡、高下、計較之心，這才是我們求道者學習的目標，你和我來到老師這裡要學習的就是這些心靈乾淨純粹的真理境界，然而你卻還一直停留在外表的美醜和足刑與否這些世俗情緒之中，你是不是學得太少了些呢！

　　人以其全足笑吾不全足者，眾矣，我怫然而怒；而適先生之所，則廢然而反。不知先生之洗我以善邪！吾與夫子遊十九年矣，而未嘗知吾兀者也。今子與我遊於形骸之內，而子索我於形骸之外，不亦過乎！」

　　這下子產的心靈終於受到點撥，恍然有悟，連臉上的驕虛之氣都改變了，慚愧得請申徒嘉不要再說了。能讓一個政治人物在心靈中體會到政治氣息的污濁之感，這真是一件不容易的事，不過這也只是莊子編出來的故事，現實社會中能有幾個像故事中的子產和申徒嘉呢！

　　子產蹴然改容更貌，曰：「子無乃稱！」

魯有兀者叔山無趾

──道家的自然人格對儒家的道德人格之諷刺

魯國真是一個儒家精神文明的重鎮，所以莊子也就特別喜歡編織一些在魯國境中的道家人物，來調侃儒家的哲學觀念。魯國有一位斷了一隻腳的人叫叔山無趾，他剩下的那隻腳又缺了腳趾，所以只能以腳後跟一跳一跳地走路。莊子編織的這個故事，是要透過這個叔山無趾向孔子問學的對話，表達一個以道德意識為情懷的人物，永遠沒有辦法體會有自然情懷的人物的內心，因而在後者的眼裡，他們永遠是社會的可憐蟲。而儒者則自以為是地承擔了一大堆的道德使命感，把自己綁得死死的，甚至還會批評別人瀟灑自適之行為，這樣的心態，就是這個故事中的孔子所代表的人格意境。

莊子實在很調皮，故事一開始就安排叔山無趾艱苦地、認真地、一跳一跳地往見孔子，向他問學，想要凸顯道家人物的虔誠胸懷，讓儒家人物站在高處滿足於道德人格的崇高情緒，從而予以指點人生的哲理。不幸的是，這種崇高的尊嚴一下子就被口齒伶俐的道家人物給予刺擊，身為儒家的孔子，雖有所悟，畢竟仍在道德意識的脈絡中思考，仍未達致道家的境界，因而再次被道家人物施以辛辣的刺諷。

> 魯有兀者叔山無趾，踵見仲尼。

無趾見仲尼，仲尼端坐教席，以他慣有的仁德胸懷，擺出嚴師的面孔，輕輕地責備著這位前來求教的無趾：你以前不太小心呀！所以就犯了些錯誤了，現在才來找我，又能怎麼樣呢！你要知錯呀！

> 仲尼曰：「子不謹，前既犯患若是矣。雖今來，何及矣！」

　　孔子這樣的說法其實很公允，但是在內心中已預設了兩種情緒，其實也沒什麼不對，只不過這正是道家人物認為求道者應該化除的毛病，所以無趾很直截地反彈了回去。孔子心中的成見為何呢？一個是，人之所學者即應在於道德性的向上意志；另一個是，無趾已有錯，應先在心中懷有慚愧之心。這就顯示了儒家情懷的心理意識之重點，但是道家人物在意的是與自然紛紜的平等齊一，所以從不興起道德意識的是非對錯之情懷，同時對於人們在社會禮俗中的尊卑貴賤之別，是採取忘懷遣盪的心境而不是頓首搥胸的激動之情。所以當無趾聽到孔子的教誨之時，內心感受極不相應，意興所至立即反彈。

　　莊子讓無趾說：我知道自己確實是違背了一些社會的禮法原則而使自身受殘無足，但這是智慧上的不及所導致的自保上的不足，與德性無關，我要學習的就是怎樣在智慧上更求廣袤圓融。雖然身有殘敗，卻不足以限制我要追求智慧之道的向上之心，因此我的心態比我的形貌更尊貴得多。我要追求的是向自然學習的真理境界，自然對待眾生是平等的，所謂「天無不覆地無不載」，天地對於世人是沒有檢別地都施予一樣地照拂，我今天來見夫子您，就是把您當成像天地一樣地擁有無分別的齊一胸懷，沒想到您的內心這麼狹隘，所想的盡是這些斤斤兩兩的小事，沒想到夫子您卻只注意我的小錯而且先讓我吃上這一頓排頭。

　　　　無趾曰：「吾唯不知務而輕用吾身，吾是以無足。今吾來
　　也，猶有尊足者存，吾是以務全之也。夫天無不覆，地無不載。
　　吾以夫子為天地，安知夫子之猶若是也！」

　　大教育家孔子碰到一位道家的學生無趾，這位無趾小兄弟，雖有道家的聰明，卻尚未火候精純，觀念的靈動引導他意氣的風發，三兩下迸發出無窮的詞彙，字字精彩，句句灼人，理論的腹地寬廣，意境的對應高遠。夫子一時愛才惜憐，持守著儒家正宗的仁德情懷，敦厚溫雅地自承不足，引請其入門講述更多的道理。不過無趾大約是進也沒進轉身就

走了，此時孔子還是一副謙謙仁者的胸懷，不忘給他的門人弟子諸如子
路、子夏等人施以機會教育說：你們要努力呀！人家無趾是一個有前科
的受足刑的人，他都知道要努力學習來彌補他在德行上的過失，更何況
是你們這些品德端正的「全德」的好學生呢！不是更該加緊努力嗎？
（這裡的「全德」，指孔子門下的那些好學生，沒有被官府抓去用刑的
人，而不是下文的「全德」之義。）

> 孔子曰「丘則陋矣。夫子胡不入乎，請講以所聞。」無趾
> 出，孔子曰：「弟子勉之。夫無趾，兀者也，猶務學以復補前行
> 之惡，而況全德之人乎？」

天呀！孔子在幹什麼？他根本就沒搞清楚人家叔山無趾是生氣失望
地離去，只差沒有把輕蔑的語言赤裸裸地說出，而孔子卻還嚴謹地保持
名門風範，人走後還不忘來一段模範教學呢！果然，無趾在抱怨了，跑
去找老聃咬耳根子。

無趾向老聃發洩道：那個孔丘，他在人生的境界上還差得遠了，他
還一股勁兒地誠誠懇懇地向您學道，學得什麼嘛！心裡頭放著一大堆的
道德仁義，其實是諔詭幻怪的東西，卻仍希望以此成就他的君子美名，
根本不了解這種所謂的禮樂教化、君子之德，正是我們這些求道者最想
擺脫的麻煩呢！

> 無趾語老聃曰：「孔丘之於至人，其未邪？彼何賓賓以學子
> 為？彼且蘄以諔詭幻怪之名聞。不知至人之以是為己桎梏邪？」

老聃說：那你為什麼不告訴他，天地萬物的生生滅滅以及人類的生
死一回其實都是只在同一個自然界中的變化而已，人們在這件事上沒有
必要多作區別，既然生死無別，則社會中的許許多多禮儀規範仁義道德
之對錯好惡，其實也改變不了這個自然界的分毫差別，所以有心求道之

人根本不必汲汲營營地去主張是非、主持正義、主導浮沈，告訴他，請他輕鬆一點，有空再請他來喝杯茶，替他解除心裡的桎梏吧！

　　老聃曰：「胡不直使彼以死生為一條，以可不可為一貫者，
　解其桎梏，其可乎？」

老聃果然胸懷敦厚，但是叔山無趾卻是失望透了，根本不相信孔丘有改變的可能，儒家那種來自天命的道德意識之強烈，那種自我承擔天下的胸懷之認真執著，像是老天爺給他們的刑罰，還不是一般普通的牢獄之災，還有個刑期可解，而是死刑，根本就是一生一世永不可逃的天刑了。

　　無趾曰：「天刑之，安可解？」

才全德不形
——培養一種令所有人喜愛親近的品格

接下來這一段文字，莊子要強調道家境界的人格修養，是在自己的內心中用功，使自己達到一種心境上的絕對平和，使周遭相處的人感受到心情的輕鬆，使所有的人都樂於親近不願離去。莊子以這樣的境界來稱頌道家人格修養的高明之處，同時提出一個極重要的、關於境界的觀念——「才全德不形」，從中指出真正的領導風格，並不是標舉鮮明的旗號，讓人辛苦地跟隨，而是灑落所有的堅持，讓人解除精神的壓力，從而在逍遙自適的氛圍中大家和樂相處。

莊子又在開儒家的玩笑了，講魯國來了個怪人使得全魯國上自國君下至所有的男人女人都喜愛他，甚至還叫孔夫子來詮釋這個怪人的優點

在哪裡，這當然不是史實，這是莊子的行文手法，不只要在文章中表達觀念，還要在文字中加強觀念的印象，藉由主題人物的造型，對讀者產生感受力的刺激。

莊子說：魯國的國君哀公，有一天請仲尼來研究一個大問題。哀公說有一個外邦人，來自衛國，長得奇醜，叫哀駘它。男人和他相處，會一直想他而不願離開他，女人見到他也是一樣，甚至已經有幾十個女孩子請求父母讓自己嫁給他，即使是作小妾都沒有關係，都還比嫁給別人作妻子要強得多。可是這個人並沒有什麼特別的長處，也沒有什麼獨特的見解對外發表，只是有時附和一下別人的談話而已；他沒有政治上的權位，可以幫人家解決生死大事；也不是財富雄厚，可以救助貧困；又長得醜到出名的地步，學問好像也不怎麼樣，沒什麼自己的見解，只是拾拾他人的牙慧而已，也不是說知識特別淵博，通究天文地理。可是他居然能使得天下人都聚到他那兒，一定是有些什麼異於常人的才能。國君心裡疑惑，要請孔丘來分析分析。

> 魯哀公問於仲尼曰：「衛有惡人焉，曰哀駘它。丈夫與之處者，思而不能去也；婦人見之，請於父母曰：『與為人妻，寧為夫子妾』者，十數而未止也。未嘗有聞其唱者也，常和人而已矣。無君人之位以濟乎人之死，無聚祿以望人之腹，又以惡駭天下，和而不唱，知不出乎四域；且而雌雄合乎前，是必有異乎人者也。

哀公續說：這個人太奇特了，我對他很有興趣，後來我就把他找來看看，他果然長得像傳聞中那麼醜，但是經過和他相處的結果，不到一個月，我多少已經能感受到他為人的特點；不到一年，我已經像所有的國人一樣，對他完全信服了。那時國中無主政的大臣，我便想委請他為我分擔國是，可是他卻一副毫無表情的樣子，隨意回應了一聲，實在搞不清楚他的意思，好像是不打算答應的樣子。我真是智慧太低了，怎麼

會想到拉他來幹這些政事呢！這根本就不是他的興趣所在嘛。果然沒好久，也不知道為了什麼，他就離我而去了，令我十分難過，好像失去了生命的樂趣似地，對我的國家大事，也都提不起勁兒來了。這位哀駘它到底是一個什麼樣的人呀！我真是不明白這到底是怎麼一回事，夫子請告訴我吧。

　　　　寡人召而觀之，果以惡駭天下；與寡人處，不至以月數，而寡人有意乎其為人也；不至乎期年，而寡人信之。國無宰，寡人傳國焉，悶然而後應，氾而若辭。寡人醜乎，卒授之國。無幾何也，去寡人而行。寡人卹焉，若有亡也，若無與樂是國也。是何人者也？」

　　莊子這真是給孔丘出了難題了，因為這種道理本來就很難說清楚，不是善於體會的人，說破了也聽不懂的，所以莊子便用比喻的方式來解說，強調內心修養境界的高明，是比外表的美醜、事功的高低都重要的事情。

　　仲尼就打比方說：他曾經到楚國去出使，看到一幕景象，一群小豬圍在一隻母豬旁吃奶，可是母豬已經死了，小豬們本來不知道什麼是死什麼是活，只是習慣地在媽媽身旁而已，可是不一會兒，小豬們卻都驚嚇地逃跑，因為牠們突然不覺得這是牠們的媽媽了，牠們感受不到和自己相同的生命感，牠們要的是那隻活生生的媽媽豬，而不是牠的屍體，是形體之內的那種生命感、那個精神。再打個比方說，武士作戰時都要穿戴整齊、配備齊全，還要把軍銜掛在身上，但是為戰死的武士著葬衣的時候就不再那麼穿戴了，因為葬衣畢竟不是戰袍，穿了也沒有意義。再打另一個比方，人們都愛惜自己的鞋子，可是如果有人被削去了雙足，那他就再也不想管那些鞋子的好壞，好壞已經沒什麼差別了。這三個例子都說明了一個道理：任何事務如果失去了存在的本質，便都不再有存在的必要了，因為有意義的永遠是事務內在的本質。因此哀駘它的

外型不是影響人家對他的態度的關鍵，而是他的人格精神才是造成人們喜愛的原因。

> 仲尼曰：「丘也嘗使於楚矣，適見独子食於其死母者，少焉眴若，皆棄之而走。不見己焉爾。不得類焉爾。所愛其母者，非愛其形也，愛使其形者也。戰而死者，其人之葬也不以翣資。刖者之屨，無為愛之。皆無其本矣。

仲尼續說：在宮廷中服侍君王的人，都要求他們要有最真純的身體，不能剪指甲、不能穿耳洞，連結婚也不能，結了婚就不能再待在宮中服侍了。這是對宮中服侍者的要求，重點在於擁有一個自然天成而完整的身體。自然身體毫無缺損的人可以做這種高貴的工作，那麼在德行上也是自然天成毫無虧損的「全德」的人，就更能做一些特別的事了。哀駘它就是這樣的人，他的德行天成，自然而完整，沒有任何機心矯詐，所以他不必特別用言語表達清白，別人就自然心服於他，他不需要特別做過什麼大好的事情，人們一樣會想要來親近他，別人因為他的內心高潔，自然想要把處理國政大權交給他，還唯恐他不接受，所以他就是一個「全德」的人，「全德」也就是「才全而德不形」。

> 為天子之諸御，不爪翦，不穿耳，取妻者止於外，不得復使。形全猶足以為爾，而況全德之人乎？今哀駘它未言而信，無功而親，使人授己國，唯恐其不受也，是必才全而德不形者也。」

莊子終於要說出哀駘它的內心精神境界的狀態了，不過他卻先創造了一個專有術語，叫「才全而德不形」，然後再藉著解釋「才全而德不形」來說明哀駘它的人格境界。「才全德不形」就是在說內心平和的境界。「才全」是莊子說完美人格的概念，就是前面提到的「全德」的意思，它

有兩個重點，一個是在內心的品格中永遠能保持著以齊一的胸懷來認知天下事務；另一個重點是，在對待天下事務的時候，永遠能保持心境上的平和。「德不形」是指出保持平和這個特徵的重點，就是不對外物心動的特徵。是不把「才全」顯現於眾人之前，讓他人感受到自己的特出。能夠做到「德不形」，那麼就能夠使得周圍親近的人內心輕鬆、喜歡親近、不願離去，這是類似老子的「玄德」——「生而不有，為而不恃，長而不宰。」的觀念，但又更直接地從行為上來表達的觀念。

　　哀公就先問：什麼是「才全」。仲尼就先對為什麼要以齊一的胸懷對待外在事務的道理先作說明。

　　　　哀公曰：「何謂才全？」

　　莊子讓夫子說：我們平常生活中所面對的許多事務，諸如「死生、存亡、窮達、貧富、賢與不肖、毀譽、飢渴、寒暑」等，都是事務本來就會發生的自然變化，你只能說是命運如此，任何人力無法改變。就像白天過去了是黑夜，夜晚過去了是白天，日夜遞相往來，也不知道誰先、誰後、誰決定誰。所以我們不應該讓這些生活上的價值差異影響我們的心境，因為我們原來就已經有了一個自然給我們的完整心靈，一個沒有好惡分別的境界。我們如果讓這些外在事務的差異現象成為我們生活中攪動情緒的因素，那就太不智了，我們本就應該保守心靈的平和，使之不入胸中，讓心境常保平和，讓心情常保愉悅，讓態度永遠通達，而不要失去「全德」的意境。而且這樣的心境要日夜不斷，要成為人格修養中的真實功夫，時時保存，永遠以如春的喜氣應對世界，真正在內心中興起這樣實在的胸懷，這就是「全德」的意思，也就是這裡所說的「才全」。

　　　　仲尼曰：「死生、存亡、窮達、貧富、賢與不肖、毀譽、飢渴、寒暑，是事之變，命之行也。日夜相代乎前，而知不能規乎

其始者也；故不足以滑和，不可入於靈府。使之和豫，通而不失
於兌，使日夜無郤而與物為春，是接而生時於心者也。是之謂才
全。」

　　那麼什麼是「德不形」呢？莊子讓夫子繼續說道：當這種「全德」
的胸懷成為人格的修養境界之後，他本身成為一個極為穩定的力量，成
為一個典範，能夠使得周圍的朋友在與他相處的時候，獲得心境上的祥
和寧靜，成為安定心靈的力量泉源。就像波紋不興的水面，一定是本身
的深度豐厚，有足夠的廣度以吸收自然界所有的攪動力量，將攪動平緩
地收攝，自身不受攪動，才能保持水面永遠的平靜，這個寬廣深厚的積
水，就是我們人格修養的效法對象——「深深用功於內心的寧靜，而不
在行為表象上虛張聲勢。」修養品德就是要達到這種「全德」的意境，
達到平和、喜悅、通達的功夫境界。這種「不顯於外表的紛雜」的「德
不形」意境，正是使人喜愛不願離去的原因，所以眾人不願離開哀駘
它，正是「全德」的結果。只有「全德」者能做到「德不形」，「德不形」
則「物不能離也」。

　　「何謂德不形？」曰：「平者，水停之盛也。其可以為法也，
　　內保之而外不蕩也。德者，成和之修也。德不形者，物不能離
　　也。」

　　如果人格修養是人類社會行為的根據地，那麼一切社會行為的根本
目的便要落實在修養的意義中，如果修養的目標是追求一個與自然齊一
的平和胸懷，那麼許許多多在政治事業上的人物的所作所為可能都正好
違背了這個目標。哀公聽聞孔丘之言後，清楚地理解了哀駘它所追求的
人生境界，也反省到自己的生活觀念中有若干的不足。
　　有一天，哀公自己向孔丘的弟子閔子謙說道：你的老師所講的道
理，直指人生的最根本意義，我作為一國之君，身操人民生死之權柄，

總在國家體制、社會風俗、貧富貴賤等世俗價值中堅持，自以為在追求公理正義，孰不知其實只是在不同的角度上再次製造社會的不齊，我何不放下這些堅持，讓人民在一種更為純樸的自然人性中普普通通地生活，這樣豈不更好。原先我以為自己已經是一個道德情操極高的人，是人民的皇保、社會的支柱，是天子、是萬民之父，原來這一切都是虛妄的假象，今天聽到了至人的深刻觀念，才知所為之非。我只是一個浪費生命的人，錯用了我的精神才能，而使我的國家也一起和我忙碌在這些無益的活動之中，豈不是自己做了亡國的事情，唉！這個道理我終於懂了。你的老師是我在追求人格修養境界上的朋友，我們已不是君臣關係了，我再也不會堅持所謂君君臣臣那一套麻煩的東西了。

　　哀公異日以告閔子曰：「始也，吾以南面而君天下，執民之紀而憂其死，吾自以為至通矣。今吾聞至人之言，恐吾無其實，輕用吾身，而亡吾國。吾與孔丘，非君臣也，德友而已矣。」

　　哀公說夫子和自己是朋友了，其實就是莊子說自己可以和君王做朋友了，可是這樣的在上位者能有幾人呢？莊子只能和虛構中的君王做朋友吧！

德有所長，而形有所忘
——重於精神輕於形貌的人之真情

　　莊子又講了一個外形與內心差異特大的人格對比的故事。他說：有一個形貌極為怪異恐怖的人，他的背有毛病所以駝了，他的腳有毛病所以走路踮著腳尖，他的四肢都有殘缺，他的嘴上無唇。雖然他的外型這麼殘缺，但是他卻是一個「全德」的人，他和衛靈公相處甚久，衛靈公

長期喜愛並習慣這個怪人在身邊的日子，久而久之，反而不習慣長相正常的人。大約是這個怪人的頭部和身體連在一起了，所以根本連頸子都看不到，當衛靈公看到正常人頸子時，反而覺得奇怪，為什麼人們都有一個瘦長的頸子呢！還有一個長相怪異的人，他的脖子上有一個大瘤，大到像一個醬缸一般，所以他的脖子看起來特別大，齊桓公和他在一起久了之後，反而覺得一般正常人的頸子也是太瘦小了。

　　闉跂支離無脤說衛靈公，靈公說之；而視全人，其脰肩肩。
　甕㼜大癭說齊桓公，桓公說之；而視全人，其脰肩肩。

　　這個道理在哪兒呢？莊子說：我們一般人都自以為有高明的審美標準，其實我們只是從外表上去形成習慣中的觀點，我們的審美活動的主宰者是我們的心靈，而我們的心靈同時進行著許許多多的活動，在這眾多紛紜的活動中，追求最高生命境界的活動才是一切活動的根本，當我們誠心正意地注重於心靈境界的提升之時，我們的心靈活動的感受力便當下從對外在相貌的習慣性觀念中內化至心靈的領悟裡，所以衛靈公與齊桓公對兩位怪人之內心境界的欣賞之情，當它被轉化成為美感活動來發抒時，兩公的習慣性觀點便以為正常人反而不美了；所以根本的重點都在於內心的境界，二位怪人的「全德」意境決定了兩公的形貌美感。對於一般人物的評價而言，是凡內具品德之人，便以品德為人所重，他人再人之所重，這種遺忘外形之忘，才是莊子所追求的，如果反其道而行，只記得外貌之美醜，卻忘記內心之美醜，這才是大謬之忘，這就叫作「誠忘」，忘得真不智。

　　故德有所長，而形有所忘，人不忘其所忘，而忘其所不忘，
　此謂誠忘。

有人之形，無人之情

——滿足於自然供給、與天為友之心境

　　〈德充符〉這篇文章從一開始就在講故事，講了一個又一個的故事，都是在說明內在心境的培養，而這種內心境界的培養，都是基於一套對天與人之關係的看法為基礎的，所以莊子又以「天食」的觀念，說明有境界的聖人如何處理人與社會的關係。「天食」的觀念是說明天對人的自然存在的生命，早就提供了豐富的供給，滿足於「天食」，便不再有世俗社會的關係需要了。

　　莊子說：聖人的境界，悠然自適，與天為友，以天為遊，這個以天為遊的心境，是不會被世俗的價值情緒所干擾的，在世俗中的有價值性的活動，對於與天為友的聖人而言，都是多餘的累贅。例如人際間的智謀吧，機心多者天機淺，它正是違背天心的糟東西；例如人際間的盟約吧，總是因為意欲的堅持才有彼此的勾聯，所以是悖於本心卻不得不強制自己的行為，像自己拿著膠漆把本不該在一起的東西強行接合；例如利益上的獲得吧，世人皆貪多欲得，這樣的心意，反而主導了所有人際活動的本質，使人與人間的所有交往變成彼此爭慾求得的活動，這便喪失了自然的人情了；例如奇巧的工技吧，不就是為了商品的貿易而日夜不休地研發，商貿即為物慾心而起，這又是違背自然的構作心。

　　　　故聖人有所遊，而知為蘗，約為膠，德為接，工為商。

　　莊子說：這四種活動都是世俗中人的意欲之需，聖人是不需要的，追求與造物者遊的道家人物是不需要的。道家聖人不在人情狡詐中用心，故不需智謀；他本就不在人我中畫分差異，所以也不需以盟約來強固關係；天地自然間的平實生活中他已經擁有了所有的寶貝，所以也不

會要再貪得其他的人間美貨；他既然一切無缺，自然不需商賈，不做買
賣，因此也不需開發工藝。

> 聖人不謀，惡用知？不斲，惡用膠？無喪，惡用德？不貨，
> 惡用商？

道家的聖人之所以不需要這四種價值標的物，就是因為造物者早已
將天地萬物的自然世界完整地交給了人類，人若能善於體知，則在心意
的動向裡，天地自然之中早已完備了人情之所需，如此又何須汲汲於追
求人世價值的目標呢！人生之所需就在一個人格境界的修養功夫之中，
在這個生命的境界中，人的活動只有務意於全德之修養，全德是不在社
會禮俗上動盪心情的，所以也不向社會的機制中追求所需，所需者在
心，供給心境者在天，天所供給的是智慧之體貼與境界之同遊，只要自
適之心境打開，逍遙之同遊即下便是，這便是天之所予所食者。

> 四者，天鬻也。天鬻者，天食也。

人之生存的感覺全在於內心的境界，內心執著於世俗之價值利害，
人便生存於世俗之意境中，但是如果把人格的意境放在自然無心的境界
上時，整個天地自然的優美便能為人所品嘗，所以人的生存感覺如何定
位，便在於功夫努力放在何處。道家莊子的努力是放在造化之自然，因
著這樣的努力，所以他存在的生存感覺是一個在現世中存在卻在超現世
中遨遊的精神。

莊子說：人生之所需，造化早已全備，只要人類懂得逍遙悠適於天
地自然之中，就不會再投身於人間世界的爭慾求得，聖人便是生活在這
樣的境界的。他的人身在社會中與眾人相同，故「有人之形」，但是精神
卻在與天地自然齊一的造化之上，沒有一般人心糾葛的情緒衝動，所以
「無人之情」。人在社會中，故與人群和樂相處；心在境界中，故是非人

情不進其胸中。人的存在就人的意義上來說，多麼渺小，總歸不能逃脫為人之命運，但是就人的智慧精神心境上來說，本就以天為情，由天而顯，同大於天，所以其實可以在天地間遨遊逍遙無所限制地大呢。

　　既受食於天，又惡用人！有人之形，無人之情。有人之形，
　　故群於人；無人之情，故是非不得於身。眇乎小哉，所以屬於人
　　也！謷乎大哉，獨成其天！

人故無情乎
——拒絕世俗價值的情緒

　　惠施一直是莊子餵招的對象，總是提供莊子揮灑武功的空間，若不是惠施這位機靈慧黠的對手，恐怕莊子許多漂亮的話語就沒機會創作了。對於「有人之形而無人之情」的觀念，惠施認為是一個違背常識的理論大漏洞。「形」與「情」的觀念，惠子是放在活生生的「人形」與喜怒哀樂為用的「人情」上來認識的，是指活著的人就有生活的情緒，所以他質問莊子說：人怎麼會無情？然而莊子本來所談的「人」，是在談一個「求道者的人格境界」，正好就是擺脫了世俗情緒的全德之人，是一個在社會生活中心境平和不受攪動的寧靜境界，當然他是沒有世人紛擾頻繁的情緒活動的人了，所以莊子說：是啊，人是無情的。

　　惠子謂莊子曰：「人故無情乎？」莊子曰：「然。」

　　惠施觀察了天下人心，哪有哪一個人是從來沒有情緒波動的，所以說道：是一個人卻又沒有人的情緒那還算是個人嗎？惠施認為既生為人，就要在人間世界的生活中打滾，就要去品嘗人世紛擾的百味雜陳。

然而莊子的思考在一開始就整個地不是這條思路，他說：人的存在當然是個既定的事實，但是人的本質卻不像表面上那麼顯然，外顯的人情只是世俗的現象，人還有「與天為友」的自然本情的一面，那才是人情之精華，是「全德之情」，全德之情是與道為一、與天為友，是「道與之貌天與之形」，是雖然那麼具體地一個普通人，卻那麼精緻地由天地造化給他生命與心靈，那他還能不是一個人嗎？

　　惠子曰：「人而無情，何以謂之人？」莊子曰：「道與之貌，天與之形，惡得不謂之人？」

　　莊子的答話意境一開始就拉得太高，惠施未悟，辯說：你一定要說這種人還是人，那他就不應該沒有人情是非呀？

　　惠子曰：「既謂之人，惡得無情？」

　　莊子接下來不好把話再說得太抽象了，所以便明白地說：我所謂的無人之情的人情，不是一般是非人情的意思，是說經過修養之後的全德意境，是以自然之本情為其生活的味道，是一種平和的境界，不會為了社會一般的是非好惡而傷害內心的寧靜，不會再和世人汲汲爭逐營生之利害。聽了莊子的答話，惠施又毛了：你不賺錢養家，想餓死啊？惠施總在現實人事中責問，莊子總在高遠意境中發言，兩人真是驢頭不對馬嘴。莊子說：我指的是「全德的追求」不會在意於現實的得失，而是在意我們的生活品味是否朝向「與自然同情一理的境界」。所以對我們在於這個世界的生命，我比你還要愛惜，你只知道吃飯睡覺不要餓著、凍死了這個肉體生命，我卻更在意精神心靈的照顧，不要因為情緒的擾攘，而傷害了我們的精神生命。你看看你自己，事事與全德追求背道而馳，精神外求，浪費精力，躺在樹下亂發議論，老天給了你這個做人的機會，你卻只知搞些概念分析的觀念遊戲，自以為聰慧得不得了，真是浪

費生命，你的「有人之形」又有什麼用，終老一生都將浪費在你的「有
人之情」的無聊追逐中。

　　莊子曰：「是非吾所謂情也。吾所謂無情者，言人之不以好
惡內傷其身，常因自然而不益生也。」惠子曰：「不益生，何以
有其身？」莊子曰：「道與之貌，天與之形，無以好惡內傷其
身。今子外乎子之神，勞乎子之精，倚樹而吟，據槁梧而瞑。天
選子之形，子以堅白鳴。」

大宗師

〈大宗師〉是莊子內七篇中氣魄最大的一篇文章,是總合了莊子所有的觀念於一身的一篇完整之作。〈大宗師〉講功夫、講境界、講生死觀、講世界觀、講政治哲學,是莊子在解決了人生的目標性問題、知識的理論性問題、生存的安適性問題、人格的境界性問題之後,得以放手暢談的一篇文字。當基礎的、預設的、背景的知識統統交代清楚了之後,莊子便得以直入他的觀念世界的精華之處,將世界的最終真相及人的最終境界明白表出。〈大宗師〉裡的人物境界,已經不只是一個超越的嚮往,而是具體的觀念落實,莊子以「真人」之全貌和盤托出,同時兩次以功夫操作的觀念,明白解說境界的達致之途,還以帶著理論性的故事表述方法,將整個境界與功夫的背後世界觀明白交代,把道家哲學最核心的道觀念清楚鋪陳,毫不取巧儉省,真可謂是莊子書中表達得最坦誠的一篇文字,直接說出莊子本意中的一切重要核心觀念。

〈大宗師〉一破題就在處理人的境界問題,提出人所應追求之最終極境界,「真人」是這個境界的觀念匯集點,「女偊的外天下」與「顏回的坐忘」是追求這個境界的「功夫」,這個功夫的操作原理是依據莊子「氣化世界觀」的實然而設定的,以及相應於這個世界觀而得出的「道體」觀念作為心法的內容,這是文中藉子桑、子輿等諸人所言者之重點。

〈大宗師〉中「真人」的觀念提出之前,莊子要強調:終極智慧的掌握,必須先在人的身心知能上獲得提升之後才有可能,如果不提升求道者的身心知能,僅僅在一般世俗中的知識世界中進行無止境的知識擷取,絕不能達到終極知識的境界。所以莊子率先描述人的終極境界為何,此即真人境界的討論。接下來,莊子再從自然存在的原理來說明這個世界的實然,以作為這個真人境界觀的理論前提,就是一個「氣化世界觀」。再下來,莊子提出一連串的道家人物對待生命意義的觀點,從功夫、從生死觀、從境界觀等角度來討論。

有真人而後有真知

——人類知能的意境之別

　　知識境界的提升，根本上說，在於人的知能的整體提升，這是東方哲學的奧祕，是道家哲學的要點。說再多的觀點不是為櫥窗中多一份學術報告，而是為人間世界多造就一位「真人」，一位真正在知識、能力、意志、胸襟上超越凡人境界的人物，要在生活上對待生死的問題是這麼地安適、在社會中對待價值的衝突是這樣地淡然、在自我意識的流動中是達到逍遙輕安的意境，能做到這樣，才稱得上有道家真理觀的把持，唯有身心一致，身體力行之中才有所謂的境界之進入。莊子為保證認識上能達到這樣的深度，在〈大宗師〉文中即將揭示他的最核心的真理觀之前，他仍要不厭其煩地再次宣布：知識一定要進入生命意識的底層，內化成為自我知能的格局，否則觀念的誦讀將不具實義，知識的學習將只在浮面。所以，知識境界的提升，根本上完全等同於人格境界的昇華，也可以說，身心知能的鍛鍊、心理意識的錘鍊，是一個整全的人格提升的過程。

　　「天」是自然的奧祕悠遠，「人」是人智的馳騁不已，自然的奧祕與人智的造作皆為一無窮，從知識的進程上走入，都是人類亙古不止的課題，引人窺覽之慾；窺覽的結果，有智全之人，有智盛之人。智全者，知天地自然整全齊一之道理，知人文世界多方造作之成心師化，兩用而不陷溺，悠遊而自得。能夠進入知天之境界者，是其才美之人，才美復錘鍊，得其天知，使其知全，是有此天境之生命者。至於知人之所為者，是以人智之聰慧，窮索於人世之成心造作，是困勉之知，是多餘之事，無庸力為，卻仍奮勉，終其一生未受侵傷、未棄其學，是其生命力旺盛豐沛之現實的結果，是智盛者。然而此知有用乎？無用，因其不徹底。人世之知皆為造作，造作之知皆有所待，所待者何？為其成心，成

心乃情緒慾望牽動的浮萍，流動不止，豈有真知可言乎？故而智盛不如智全。然而智全者也罷，智盛者也罷，皆有真實之生命力量在其中操作，所以有清楚的觀念可以隨時表述，至於未至此境之人，則完全無法領會其意，對於論點的檢別缺乏判準，對於屬天屬人無從釐清，言天言人皆失其意，故無由真覺天之為天人之為人，唯有智全之人得曉，此「真人」也。

　　莊子說：能知道最深奧的哲理，又能知道一切普通的知識，這是智慧極致的人了；能知道深奧哲理的人，已經擁有深奧的生命境界，至於那些努力學習人世間的一般性知識的人，他們總是辛苦地生活在翻書本、查資料、步步累積知識的過程中，這種人如果能一輩子如此地堅持下去的話，那他也算是個奇人了。不過這樣的知識還是不夠徹底的，因為人世之知總是建立在自我預設的前提上，而預設本身是一個沒辦法確定的未知。但是，還有一個更根本的麻煩，關於真理的知識、深奧的道理，不光是文字上寫寫、語言上說說就足夠了，否則東說西說聽也聽不懂，你怎麼知道我表面上說是天的境界的東西，其實根本上只是人的境界；或者我表面上說是人的境界的東西，其實早已經是天的境界呢？說不定我在以人說天，把天說成了人，結果你也聽不出來，或者我把人說成了天，以天說人，結果你也聽不出來。語言只是傳達意思的最表面的東西，光是表面上的文字理解並不表示你真的懂了，要怎樣才能真懂呢？這是要提升了自己的境界之後才能懂的，所以我們一定要先努力成為一個真正有境界的人物，這樣才能懂得深奧的道理。

　　　知天之所為，知人之所為者，至矣，知天之所為者，天而生也，知人之所為者，以其知之所知，以養其知之所不知，終其天年而不中道夭者，是知之盛也。雖然，有患。夫知有所待，而後當其所待者特未定也。庸詎知吾所謂天之非人乎！所謂人之非天乎！且有真人而後有真知。

登高不慄，入水不濡，入火不熱
——最高理想完美人格的型態

　　真正得道的真人是怎樣的人物呢？莊子在〈大宗師〉文的開頭中便是要說明此事。莊子說：真人的情貌知能有許多面向，首先，在現實生活的社會態度上是不過於強求，如果自己有缺弱之處，心理上便接受了，不會逆道而行，這是「不逆寡」；想要完成的事件，不以強雄的方式硬得，這是「不雄成」；對於周遭關係中事，不以機謀矯飾之心對待，這是「不謨士」。這樣的態度，對得失便看得淡了，得不喜失不悔，在社會的利害中真是做到了不執著強求的平和意境了。其次，在身體知能上，能做到超越的鍛鍊成果，「登高不慄，入水不濡，入火不熱。」這種能力幾乎是能夠升天作神仙的境界了。

　　　何謂真人？古之真人，不逆寡，不雄成，不謨士。若然者，
　過而弗悔，當而不自得也。若然者，登高不慄，入水不濡，入火
　不熱。是知之能登假於道者也若此。

　　莊子再說：真人在日常的生命活動中，一切簡單實在，睡覺就是睡覺，不會日有所思夜有所夢，因為他心中沒有牽絆，所以夜裡就安安穩穩，醒來後的日常生活中，也沒有什麼憂煩之事。他的飲食不求味道甘美，因為他不在口腹之慾上用心。他的呼吸極為沈穩，緩慢而通暢於四肢，從最底下的腳底中通達上來遍注全身。不像一般人呼吸時，鼻裡進喉中出，完全沒有利用到呼吸養生的功能，因此顯得日常生活中也急急躁躁的。一般人在心思的運用上，多半是生活在言詞奪人的病態心理中，講起話來氣息詭怪，聲音極不平順，怪聲怪氣，要不就是言詞刻薄、尖聲怪氣，要不就是內心虛假而不真誠，擺個姿態的故作穩定，這

其實都是不該有的生活態度，都是嗜慾太深的緣故，人意私智過多，天機喪盡。

> 古之真人，其寢不夢，其覺無憂，其食不甘，其息深深，真人之息以踵，眾人之息以喉，屈服者，其嗌言若哇，其耆欲深者，其天機淺。

莊子說：生死是人生的大事，但在真人眼中也是平常，沒有厭死好生的分別心，生不悅死不惡，隨其造化任運，適逢其時而來來去去罷了。

> 古之真人，不知說生，不知惡死，其出不訴，其入不距，翛然而往，翛然而來而已矣。

莊子說：真人對於生活上的一切事務，也不有企求之心，接受一切已經發生在身上的事情，也不用私心企求還沒發生的事情，自然有了，就開心一下，但也不會太執著，總把事情看得淡淡的，只是平常之事，這就是不以自己的私意愛慾來企圖強求什麼，也就是隨順造化的巧妙安排，不要灼傷了道妙、隱蔽了真相，不要強以人私來扭曲天機，這才是真人。

> 不忘其所始，不求其所終；受而喜之，忘而復之，是之謂不以心揖道，不以人助天。是以謂真人。

莊子說：真人在自我心理態度的處理上，他的內心沒有過多的掛慮，不會特別去記住什麼無謂的事情。他的神態容貌安寧而平和，就像內心一般地清爽乾淨；他的額頭寬大，相貌端莊，給人安全可信賴的感受；他的靜默似秋氣地靜肅；他的開朗似春氣地活力迸照。他的內心沒

有個人的特別好惡，只是依著四時運行的自然感通，只是隨著事務的發展而任意流動，人們根本不能測知他的私意為何，因為他也根本沒有什麼個人的私意造作。

　　若然者，其心志，其容寂，其顙頯；淒然似秋，煖然似春，喜怒通四時，與物有宜而莫知其極。

　　莊子說：真人也就是聖人，在處理歷史國家的大事時，聖人也是依著妙道自然的安排而處理，即使是兵戎之事也是用之如無用，所以聖人不得已而用兵之時，即使亡了人家的國家也是順著天下的走勢，因此反而贏得民心，不會讓人民棄絕仇恨。並且，他的作為並非有意彰顯自己的功績或仁愛之名，所以即使做了天大的好事，也並不是故意地抱著要做好事的有為之心而為的。

　　故聖人之用兵也，亡國而不失人心，利澤施乎萬世不為愛人。

　　莊子說：真人的行為只是合於自然妙道的運行而已，他的一切作為都是不為私意的。以功業成就而喜的，便是有意於功業，這不是聖人之本心。特別地有了親愛人民的求名之心者，也不是真正的仁者。管理政事運用機心選擇時機，這不是真正的賢者。也有自命君子的人拘拘於是非善惡，非求個君子之名不可，卻弄得利害不通，人見人厭，傷己傷人，這也不是真正的君子。也有人處事不通達，有失風範，令人輕視，這也不是理想的士大夫身段。更等而下之者，做事不顧後果，傷身亡命，這連一般凡人都不如，有失在社會中討生活者的本色。

　　故樂通物非聖人也，有親非仁也，天時非賢也，利害不通非君子也，行名失己非士也，亡身不真非役人也。

　　莊子說：上面所說的種種典型人物，都是失去了自然天機的結果，所以別說是真人的境界了，就連作一個社會中人都是假假的。所以性情之真其實便在日用常行中，是有私心於所為中，還是無分別於所處中的差異而已，不能做到心中清爽，就是有所為之人，就會受制於社會虛偽的力量，都是為人役使，遂人心意，而不是自己隨順於天，自己逍遙自適的心境情狀，像伯夷、叔齊等人都是。

　　　　若狐不偕、務光、伯夷、叔齊、箕子、胥餘、紀他、申徒
　　狄，是役人之役，適人之適，而不自適其適者也。

　　莊子說：真人的行為，有俠義之風，但卻不喜於以此朋黨相交。他的才能看似不怎麼樣，但是又不會表現出企求相助的樣子。和他相處的時候，他似乎都能做些什麼，卻又都不特別強勢地堅持些什麼。當他在表現些什麼的時候，總是不會真的太認真，而是蜻蜓點水似地不會刻意張羅鋪陳。他平常都顯現出好像在高興的樣子，做起事情來一副不得不做的慵懶之相，他的神色永遠是保持在那麼充實愉悅的狀態之中，他的內心更是常常處在寧靜自適的情狀中，他的行為有時候好像符合世俗中人的希望，卻又不能以常情來制約他的行為，他好像有意地無所作為，而且也不嫻熟於使用言詞來表意。

　　　　古之真人，其狀義而不朋，若不足而不承。與乎其觚而不堅
　　也，張乎其虛而不華也。邴邴乎其似喜乎，崔乎其不得已乎。滀
　　乎進我色也，與乎止我德也，厲乎其似世乎，警乎其未可制也，
　　連乎其似好閉也，悗乎忘其言也，

　　莊子說：真人的行為處事就是這麼一副若有似無、舉重若輕的態度，他絕不會真的在人間世界的社會紛紜中輕用其力，所以社會活動中人們視以為常道的東西，真人都不喜於用。許多政治人物都習於用刑罰

來對待人民，以為這是固國之本，殊不知這只是製造殺虐的工具。也有人強調要以禮儀規範來約束人們的行為以使政治更上軌道，這是因為他們太過於在意社會目的的要求，而其實這也是不必要的。也有人們努力於培養聰慧以掌握時機製造局面，總以為這正是人生努力的目標，但是這其實是自己構作的虛妄意識，是自己陷自己於不得不然的假象之中。又有人孜孜不倦地強調仁義道德，以為這是人人都應遵守的生活規範，其實這是有心為仁，實已非真仁。這些社會中人的行為觀念，其實都已經失去了真道，但是世人不知，還勤勤以為真理，其實根本不是，就像孔丘先生，就是以這些東西來教人，而還真的有人以為他是一個勤於學道的人哩！

> 以刑為體，以禮為翼，以知為時，以德為循，以刑為體者，綽乎其殺也，以禮為翼者，所以行於世也，以知為時者，不得已於事也，以德為循者，言其與有足者，至於丘也，而人真以為勤行者也，

莊子說：真人的處事行誼，統統不是以社會需求的意義來決定的，而是以妙合於道來判斷，在妙合於道之中，對於社會禮俗的好惡與否就都不是事情的關鍵了，喜歡也是合道，不喜歡也是合道，配合是合道，不配合也是合道，守在道的妙道中處事是「與天為徒」，落入世俗中隨順應世是「與人為徒」，這一切都不是根本的關鍵，怎麼做都可以，天與人沒有什麼必然堅持的必要，一切如行雲流水般，只是一個自適的揮灑而已，這才是真正的真人。

> 故其好之也一，其弗好之也一。其一也一，其不一也一，其一與天為徒，其不一與人為徒，天與人不相勝也，是之謂真人。

相忘於江湖
——化解社會衝突的智慧心境

　　「真人」境界是〈大宗師〉文章觀念的第一個高峰，「真人」的境界
說完後，莊子先討論「人與天地自然的關係」，然後再討論「人與社會的
關係」，然後再處理「人與自我生命的關係」，這些問題都解決了之後，
則要跳入本文的第二個高峰，那就是對於「道」這個概念的深刻討論。
而此處人與天地自然、社會關係及自我生命的探討，則是為道觀念的討
論預作鋪路。

　　莊子說：何時生何時死，這是人的本命，也就是說，是人就一定有
生有死，這就像每天都有白天晚上一樣地自然，這是天地自然的規律，
是任何人無法改變的。所以我們生活上的許多事情也是這樣，碰到了那
些不可改變的命運，就看開點，這都是事務的常情，平常的事兒。我們
生存著，生活著，就要把生命放開一點，把心思放大一點，應該在根本
上以天地本然的妙道作為行為的準則，而不要汲汲於人類世界自我構造
的許多觀念束縛之中，因為自然的妙道才是天地人各種事務存在的根
本。我們平常會認為上天是我們的天父，所以會產生對上天的崇敬之
情，但是我所謂的自然的妙道卻是高於上天的存在的東西；又或者人們
總以君王為民眾的領袖，所以都會聽他的話，甚至為之效命沙場捨身報
國，可是我所謂的自然的妙道卻是連君王也要遵循其意的，因為自然的
妙道才是一切道理的根本呀。只有我們能夠在生命的活動中處處以天地
自然之道為行止的所依，我們的人生的境界才能提升，提升到一個與道
為友的真理之境中，在這樣的境界裡，我們絕對不會再為世俗的價值、
慾望、機詐而動心，因為這時候我們身處的空間是無限的，我們心靈的
自由是無限的。只有生活在世俗慾求中的人，才會自我拘限他的生命涵
幅，以自然為友的人，他的生命將無所限制而能體會逍遙自適的妙趣。

死生命也，其有夜旦之常天也，人之有所不得與，皆物之情也。彼特以天為父，而身猶愛之，而況其卓乎！人特以有君為愈乎己，而身猶死之，而況其真乎！

莊子繼續說：你們看看那些本該在江湖、大海中悠遊的魚兒，如果因為泉水枯乾，魚群被迫擁擠在陸面上的時候，因為缺乏生存的空間，所以需要彼此呼氣吐沫來互相溼潤，以便延續生命，多麼可憐。有些愚蠢的魚兒，甚至以為這就是牠們的生存方式，其實不是的，牠們本來的生存空間應該是在廣大的江湖河海之中，在那樣廣大的空間裡面，牠們各過各的生活，甚至彼此不需認識對方仍然過得好好的。這當然是一個比喻，這個比喻就是要說明我們生活中的林林總總都決定於我們的心靈世界，如果我們在觀念上不通透，如果我們斤斤計較於社會生活中的是非對錯，讓自己的生活感覺被框限在一個小小的社會禮俗之世界中，那我們就是一天到晚與人衝突，這是多麼不智的生活哲學呀。其實，與其自我構作一些是非觀念來批判彼此，「譽堯非桀」，從而強要自己如何如何，甚而強要別人如何如何，不如丟棄這些社會的價值、相對的是非觀念，而以自然的妙道為準，逍遙且自適些吧。

泉涸魚相與處於陸，相呴以溼，相濡以沫，不知相忘於江湖，與其譽堯而非桀也，不如兩忘而化其道。

大塊載我以形
——接受造化安排的生命觀

上文處理了「人與天地自然之妙道的關係」及「人與社會的關係」的觀念之後，莊子接著再討論「人對自我生命的態度」。本文即在藉著對

生命觀的解答中，逐步逼出下文關於「道」的說明之路。

　　生命的對應應該直接就接續於天地自然的妙道之中，應該在這裡選取感覺、決定意義，以整體天地自然為我們心靈悠遊的場所，這樣才是真正的打開生命的空間。而我們整個生命的過程則成為自然造化的迷彩，自然造化以我們的生命彩繪天地，本來平常、一切無事，所以我們也就應該安然悠適地過著，對於周遭現實的一切無所計較，對於自我生死的來去一遭視為平常。

　　莊子說：這個天地是一個萬物存在的載體，在它之上有我們的生命，我們美麗醜陋的身軀是它所賦予，我們勞碌的一生是它的安排，我們安逸的晚年是它的意思，最後我們生命的終結是它要我們休息了。所以我們對於生命要怎樣看待呢？我們要把自己當作天地自然的安排來看待，我們是在於造化之中的存在，我們的存在是自然中的塊然，只是一個冷冷的身軀，一塊自然的遺土。我們的活動是造化中的安排，只是一個悠適的逍遙，我們還要計較什麼呢？所以懂得生活情趣的人，就要懂得死亡的平常，在面對情趣終止的時候依然保持情趣，這才是真正的懂得情趣的人。

　　　　夫大塊載我以形，勞我以生，佚我以老，息我以死。故善吾
　　生者，乃所以善吾死也。

　　莊子說：有人以為把船藏在山谷裡、把小山藏在大澤中就是最妥當的事情了，然而世界之廣無奇不有，到了黑夜的時候有個大力士卻把山谷和大澤整個地給搬走了，那個藏船和藏山的聰明人卻還不知道呢。人們總以為有一些高明的招數可以處理人事的利害，其實陷入人事的利害就是最愚蠢的事情了，哪還談得上有什麼高明不高明呢！人們總是魂縈夢繫地牽掛著自己所要的東西，堅定地主張著唯一的所有權，其實這種強烈的擁有感正是最大的自我棄絕，是把自己拘限在社會利害的爭逐中，卻拋棄了自然妙道的寬廣。人們把大大小小的東西東藏西藏，或許

有些是妥當的、有些是不妥當的，但都仍然有其風險，因為人世的往來本就充滿了非理性的因素，不是一個算盤可以算到底的，所以我們何不打開我們的生存視野，讓我們的心靈窮盡其無限的寬廣，那就永遠沒有任何風險了呀。如果我們對人世的利害無所趣取，我們所擁有的就是無所限制，就像藏天下於天下，無從損失，永保完整，而這本就是自然的天地，造化的妙道，我們何曾看到自然在隱藏它自己呢？所以我們又何須在心靈中鎖住一塊區域讓他人無法攘奪呢？

> 夫藏舟於壑，藏山於澤，謂之固矣。然而夜半有力者負之而走，昧者不知也，藏小大有宜，猶有所遯，若夫藏天下於天下，而不得所遯，是恆物之大情也。

莊子說：我們在追求一個境界上的超越之道，在鋪陳一個最高的境界觀，既然是追求最高的境界，就要知道是以造化之本然為最後的心靈歸宿，這才是最後的生活基地。我們既生為人，有機會追求自然的妙道，這是一件可喜的事情。有人之形，則可往來於天地之間，參與萬物的變化，而無止無盡。今日為人，明日為樹，年盡為土，又復為馬，其為樂不可勝計，這真是一件多麼令人欣喜的事情，既然我們變化萬千無事不可，那麼我們又何有所缺？所以有真知的聖人，他把自己的心靈敞開，他的心胸開闊，天地之間無不是樂土，人際之間沒有隔閡，社會之中不須爭奪，生活裡面沒有愁苦，他所抓的都是最大的東西，就是這個自然的天地，所以無入而不自得，沒有任何事情讓他掛心、讓他進不去、忍不下、過不了，這世界之奇美皆為聖人所擁有，因為他心中沒有界限，所以他的世界沒有止境，「故聖人將遊於物之所不得遯而皆存」。這樣心境的聖人在世，對於生命、死亡、生活、生計、社會來往諸事將都是高手，人豔羨之欲學習之，然而聖人何所學？不過妙道而已。妙道卻是天地萬物的根本原理，一切變化所賴的根本規律，這又更是我們該學的東西了。所以說，作為人物本身，只要我們領會自然變化的奧祕，

我們便已經在悠遊地享受為人之樂了，聖人即為極盡悠遊之樂的高手，然而我們這一切的悠遊的更根本原理，就是那自然的妙道啊，這才是我們在境界功夫的追求上，真正的目標哩！

　　特犯人之形而猶喜之，若人之形者，萬化而未始有極也，其為樂可勝計邪？故聖人將遊於物之所不得遯而皆存，善夭善老善始善終人猶效之，又況萬物之所係，而一化之所待乎！

自然的妙道
──道的本體論與宇宙論

　　我們談論了人生的最高境界，也談論了擁有最高境界的「真人」的知能，但是境界的最根本道理為何？那就是與造化為一。造化就是天地萬物一切事務的根本原理，是一切的安排者，是一個有巧妙安排的主導者。這個造物者從不現身，卻造就了這個巧妙的世界，使得這個世界顯現了如此的奧祕，我們從人類的心境來看待它的時候，它就是世界的運行原理本身，所有的哲學家所尋找的根本原理就是這個東西，在中國哲學家的思考裡，大家給它的名字就是「道」。研究「道」成為研究世界運行的根本原理，不過，大家的結論可能不同，事實上就是不同，儒家的、道家的、法家的、墨家的，各不相同，但是大家都把所了解的道作為人生的指導原理，以及認識世界的原則。就莊子而言，「莊子的道」是一個「逍遙自適無目的有巧妙的造化安排」，人們要向道學習的人生哲學就是逍遙自適、安時處順、遊於無窮、以道樞得環中、以明、因是、心齋、坐忘等等，這就是道的妙用，只要了解了道的內容本質為何，就能提供現實人生的超越上升之目標。

　　道為什麼這麼有用呢？因為道就是天地萬物運行的總原理，不過，

道是怎麼個做法使得它能成為天地萬物運行的總原理呢？道作為總原理的時候，它和天地萬物的關係是怎麼樣的呢？這是一個很大很大的題目，古來的哲學家們一天到晚在說道是什麼、道能怎樣，卻未必說得清楚道自身的存在狀況是什麼，這裡，莊子就是要說這個題目。不再是討論道對萬物的指導原理，而是要說道它自己的狀態特徵。

　　道到底是個怎樣的東西呢？莊子說：道是個真真實實的東西，但是天地間卻沒有一個以道為名的作為，我們眼見的就是天地、自然、人文、社會，道從不急切地跑出來宣稱自己的作用意志，然而天地萬物卻都自然而然地依著道意而行，所以道也可以說是一個無形的作用原理，而事實上本來也就沒有一個塊然的存在名之曰「道」，所以道是一個「無為無形」的存在原理。然而由於道的存在與作用的真實誠不可欺，它的作用遍在，在於你我，卻不可能成為私有，它的作用深奧，可以領會，進而依循指示，從而運用自如，但是卻完全不可見，因為它根本就是一個「原理」而不是一個「東西」。

　　　　夫道，有情有信，無為無形，可傳而不可受，可得而不可
　　見。

　　莊子說：道是要作為天地萬物的根本的，所以後者依憑道而存在，而道則依憑自己而存在，道自己負擔著自己存在的條件，所以道是「自本自根」，自己以自己為根本，自己獨立了以後，則使得天地萬物有了一個絕對的憑依。在天地萬物生滅變化的過程中，道以造化安排者的身分徹頭徹尾地造作了整個世界，所以未有天地之時，道早在時間之前已有。道不只使天地存在，還使鬼神與天帝神妙其行，鬼帝的神妙作用還是在於道的作用原理中，未有超越於道之外者，天地的存在就不用講了，這是道的使其而有，道是「神鬼神帝生天生地」的。所以道的作用是遍在的，在宇宙最高的天上天，道較之猶高，卻不自以為高，因為道的神妙還不只是高，道不欲高而自高，這都是因為道的根本遍在性使

然，由於遍在的根本使得它在作用上的輕鬆，因此作用而不著力，這是
它「在太極之先而不為高」的道理。同樣地，在地府最深的處所，道較
之猶低，卻不自為低，因不只是低，而是通極於宇宙天地的遍一切處，
所以道也「在六極之下而不為深」。道同時「先天地生而不為久」，因為
「先天地」早就是道的職能的本然中事，道是安適地使天地萬物既有而
用，有天地時已有此道，道不欲久而自然其久故不為此久，久的真實性
不是道的限制性條件，故不以之自居，道不欲老而自然其老故不為此
老，老的實在性對道而言仍是奧祕中的小事，所以不須特別銘誌。

　　自本自根，未有天地，自古以固存，神鬼神帝，生天生地，
在太極之先而不為高，在六極之下而不為深，先天地生而不為
久，長於上古而不為老。

　　好了，道是這樣的一個根本的本始，一切天地人物以道為本為根，
所以，不用說，古來一切的帝王高人，以及所有的山川百物，他們的不
朽成就當然也是依於道的把握而得。道造化著天地萬物，天地萬物各得
其所適，古往今來的高真之人以及天地日月山川百物，它們之所以可長
可久可真可美，都是得益於道，這也就是莊子在所有人世追求的價值灑
落中，能夠如此瀟灑、淡然的緣故，就是因為掌握了這個作為本根的道
的存在的真實。由於道的徹底性、根本性、絕對性，使得道在作用面上
超越了人意私智中所有的一切觀念，所以真正的智者是將自己交與了
道，因此在他們的生命中其實是道的觀念在進行的，是道自身的軌跡流
動在人物之身，所以他們的生命型態顯現出超越的特質，而這種超越的
特質又是在根本上屬於道的流行。因此從人智的強調上說，他們既是掌
握著道，但從世界的活動說，更是依據著道，而若更抽象地從功夫境界
的主觀面接續著超越存在的客觀作用面說，則一切都是道的自然妙用，
在道的自然妙用中，而有了天地山川百物高真之人的神奇妙現之事。就
在這個意義下，莊子從道的描寫中，講出了一個天地萬物生成變化的過

程，是為由道所開顯的宇宙哲學。

　　莊子說：狶韋氏得道便有了天地，伏戲得道便有了元氣，群星之主北斗星君得道而與眾星永列於天空，日與月也因得道而列於天上終古不息，堪坏得道而有崑崙以為天地支柱，馮夷得道而有川河以遊其上，肩吾得道而有高山得處其中。至此，道使天地元氣眾星日月山川皆得其有，一片遼闊廣大的世界誕生了，這其實都是道的妙現作用。於是又有高真之人，分據四界，以為地主，而為人王，黃帝登雲天、顓頊處玄宮、禺強立北極、西王母坐少廣，他們都與天地日月同其永久，莫知始終，可謂善於與道同在者。至於稍次者，如彭祖，也掌握了道的本根之奧祕，至少使得他得了長久的年壽，從有虞氏為共主至五伯之際。大臣傅說，也得道妙，相武丁，得天下，在權力上瀰蓋中國，自己還成為星神，遊於東維、箕尾眾星之際。

　　　　狶韋氏得之以挈天地，伏戲得之以襲氣母，維斗得之終古不忒，日月得之終古不息，堪坏得之以襲崑崙，馮夷得之以遊大川，肩吾得之以處大山，黃帝得之以登雲天，顓頊得之以處玄宮，禺強得之立乎北極，西王母得之坐乎少廣，莫知其始，莫知其終。彭祖得之上及有虞、下及五伯，傅說得之以相武丁，奄有天下，乘東維、騎箕尾，而比於列星。

南伯子葵問乎女偊
——朝徹見獨的功夫論

　　真人的境界是〈大宗師〉的主旨，更是莊子在人生哲學上所指出的最終追求的目標，但是這個目標的存在莊子必須保證，所以莊子把道的存在的事實與其作用的精彩和盤托出。好了，道的存在保證了真人境界

的可能，真人就是一個得道者，但是，如何得道？得道者是一個完成式的稱述，那麼求道的過程如何呢？道的存在與作用的玄妙，以及得道真人之境界的超越高明，都是事實，但是這個事實的理解只是知識上的獲得，觀念上的理解與真實的境界仍為二事，現在要把兩者合一，所以要提出功夫操作的法門，讓一個普通的人可以成為一位真人。功夫鍛鍊身心的知能，知能的情狀即為境界，知能的提升即為境界的提升，莊子在此又提出一套「女偊的功夫」，我們暫稱之為「朝徹見獨」功夫，基本上是和〈人間世〉文中的「心齋」功夫一樣的法門，但是在觀念的解說上更為精緻。

　　莊子在這裡藉著兩個人物的對話來解說「朝徹見獨」的功夫。南伯子葵問女偊說：您年紀不小了，為什麼外表上看起來還像年輕人般地膚色光潔、生氣勃發？女偊說：吾聞道矣。意思就是說她是一個學道得道的人。一個得道者為什麼會看起來年輕呢？因為他心中沒有人世的機心，心情保存著自然平順的氣氛，身體功能保持著生機勃發的狀態，所以外表就是一副飽滿未消耗而精神奕奕的年輕模樣。當然，外表的顯態只是得道的表面效果，仍不是重點，所以南伯子葵仍要追問：「道可得學邪？」這真是一個大難題，難在如何回答。女偊是得道者，當然知道道是學來的，不過這個學習的過程，卻是一個身心鍛鍊的功夫，是一個境界提升的功夫，是一個相應的身心境界來鍛鍊的功夫，學習者如果不能自我提升至一個可聞道的境界中，則根本沒有學習的可能。然而學習者如何自我調整至一個可聞道的狀態呢？這中間有一個跳躍，這個跳躍需要一個相應性，相應又是一種心境，學道者要自己善於體貼；這是一個綿亙的成長過程，這些話難說，所以「道可得學邪」這個問題難答，因此女偊說：道不可學，南伯先生你不是那個可學道的人，誰才可以學呢？卜梁倚，卜梁倚有學道的可能，因為他的材質已經相應了，他只是還未得聞要領而已，只要能好好教他一定可以學成的。

　　　　南伯子葵問乎女偊曰：「子之年長矣，而色若孺子，何也？」

曰：「吾聞道矣。」南伯子葵曰：「道可得學邪？」曰：「惡，
惡可，子非其人也，夫卜梁倚有聖人之才而無聖人之道。

當女偊說到這裡，話鋒又轉了，因為道之可學不可學的關鍵處又出
現了，那就是「大道不稱」，「道昭而不道」，所以女偊不能以一個「道
的闡釋者」自居，所以她先在自己的心境上作出一番灑除的功夫，謙稱
地說：我只不過是有幸聞道，卻不是能學道之材，所以當卜梁倚有此美
才而我欲教之時，我也不是有把握能夠教得好，不過無論如何，我所聽
聞知曉的總歸是妙道，所以以此妙道告其美才總應是可行的。

我有聖人之道而無聖人之才，吾欲以教之，庶幾其果為聖人
乎？不然，以聖人之道告聖人之才亦易矣。

女偊要真的說道了，要說學道的功夫了，這個功夫是在觀念的認識
上進入到心境的貼合，從心境的貼合中轉出生命的知能，在生命的知能
裡進行著境界的跳躍，在境界的跳躍中逐步與道冥合，終於進入道妙的
本然秩序中，從而與道為一，以道為己，用道於身，在道中行，是道之
事，從根本上平止於道境。

女偊說：我讓自己先進入一個說道的心境中，先轉換日常的庸俗，
謹守在一個純粹的心智情境中，從而獲得一個解說的氣氛，在言談雙方
取得一個相應照映的結構，經過對方的操作學習，終於在三日後獲得第
一步的境界提升，使對方真實地在心境上做到了「排遣一切世俗爭競之
社會利害之心」，是為「外天下」的第一步功夫之完成。

吾猶守而告之，參日而後能外天下；

學道之路是一個向自然的本始回歸的活動，人文的造作是遠離天機
的淵藪，所以社會意識的排除是學道的第一要義，為什麼要三日呢？三

日之日數沒有定準，要在心態上化除一種堅持，許多人一輩子都化不了，怪不得女偊說卜梁倚有聖人之才，三日就做到了，這個做到了是表示這是一個真實的操作，一個在觀念上凝鍊的功夫，凝鍊出自我的新人格，所有的功夫步驟都是這樣，都不僅僅是知解活動而已，而是身心一齊打破再來的真實事件。

　　第一步功夫進入之後，再進行第二步，「七日而後能外物」，「物」與「天下」都是代表一種普遍的事務，兩者都是自我之外的裝飾。「天下」更指向關涉著社會的整個生活網絡，是社會活動的整體面，「物」則是自我意識執著中的牽掛，為了自我扮飾而掛搭的所有牽牽扯扯的身邊事務，從人的自然性而言，仍然是不必要的配件，都是生命的附屬品，只是一些習氣而已，而人們卻在生活上貪婪地執守著，要能撥除這些東西，也是一個境界上的一大躍升，而卜梁倚則在七日之後做到這步功夫。

　　　　已外天下矣，吾又守之，七日而後能外物。

　　然而「外除天下」與「外除物欲」都仍然是社會人格的灑落，是〈逍遙遊〉中宋榮子的意境而已，接下來的功夫則是對「自我存在的自然人身分」之事實也要撥除，這就是「外生」，「外生」是要撥除這個自然人的人我意識之堅持。在道的觀照活動中，自我與萬物是齊一的，自我感受強烈的意識力量將影響這個齊一的境界之達致，齊一的境界從觀念上言，固然是一種理解的心境，但在心境的深入中，根本上是一個心智意識的凝鍊，所以排除這個隔絕物我的自我生命存在的強烈執著是必要的進程，但這也是更難的功夫境界了，然而卜梁倚卻能在九日之後做到這一步功夫。這一步做到之後，接下來便純粹是理性的智悟之路，是性靈與性靈的溝通，是智慧與道的彼此領會，所以「外生」的一步是從自我跨向自然的跳躍，是一個內外打落的動作，身心一齊抖落，自適且安然，平順又逍遙。

　　已外物矣，吾又守之，九日而後能外生；

　　達致「外生」的功夫境界之後，自我的純粹人格已經建立，自此以後，功夫的進程便是智悟的逐步深邃。第一步，「朝徹」，「朝徹」是對理性清明能力的描述，是我們的智悟活動進程上的躍升，當自我將執著交出，心靈的空間已是寬廣無窮，從此道妙成為流動的平常，平順地在我們的清明中湧露，於是形式上言，我們得以獲得領悟的知能，獲得這個領悟智能是對境界的形式描繪。「朝徹」而後「見獨」，「見獨」則是內容的描繪，因為理智清明所以認識透裡，「見獨」是對紛紜雜多的現象紛呈總是掌握準確，對事務的領略總是直透入核心的妙理，於是情境總是被齊平，事件總是被解消，活動總是在逍遙，心靈總是有自適，存在只是自然，生命只為超升，人生社會的一切歸入安寧。

　　已外生矣，而後能朝徹，朝徹而後能見獨。

　　「朝徹見獨」的運作之後，求道者已成為得道者，得道者的生命活動是在時間上超越古今，在空間上躍動於諸世界，故不入死生。觀念的進行透徹著天地造化之奧妙，存在的領域已是在道之中，道妙無始無終，觀念的領解也在於無始無終之中，死生何存，古今何在，得道者的心胸之中早已超越，道妙的境界自然映現，而得道者所映現出的這個道的情境，則與自然的妙道的情境一致。道妙無死無生卻造化著生生死死，道妙不自作展現，故而不將不迎，但是卻從不止息地經營著天地自然的一切，故無不毀無不成，是為「攖寧」，安繫於本始的凝鍊之中，達到入道的超越境界，成就得道的活動。

　　見獨而後能無古今，無古今而後能入於不死不生，殺生者不死，生生者不生，其為物無不將也，無不迎也，無不毀也，無不成也，其名為攖寧，攖寧也者攖而後成者也。

　　道的傳授總歸將化入於心靈的凝鍊，所以總是不欲停止在語言表意的觀念明晰之境界，觀念要進入生命中成為一股力量，衝決著知能的成長，所以知識的領會、掃除，以及功夫的進展必須同步進行，我們在進行知識敘述的同時是在操作功夫的錘鍊，所以表意的內容是立體的、動態的，是力量的操作帶動著文字概念的附帶而出，觀念被攜帶著，從指引者身分降為標籤的地位，這就是功夫打起來了的徵象，否則學習者將永在門外，所有在知識上堅持次第的觀念解說與記載，都是不入道的結果。

　　女偊是入道之人，道的觀念內容是共同於天地間的資產，當女偊得以說出求道的功夫操作過程之後，南伯子葵便好奇於女偊聞道於何人？然而道是天地共通的資產，得道是絕對平等的超越境界，對於得道者而言，只有境界的維持操作，沒有記憶過去的世俗執著，聞道於何人不重要，任何人都有權力聞道，都有機會聞道，都時時刻刻暴露在道的教導之中，端視善體與否，善體者人恆教之，妙道自然給他學習的機緣，所以女偊轉換南伯子葵的聞道何人的問題，而從求道的知解化除之路上來說凝鍊的功夫，原來是一條理解之路，是一條理解於道的境界深入之過程。

　　南伯子葵問女偊說：你這些關於道的知識是從哪兒聽來的呀？然而這個問題對女偊來說，真是個毫不重要的問題，得道者早忘了哪兒聽來的，也早忘了誰是他的老師，如果還念念不忘這些東西，那學道也是白學了，所以女偊不回答這些問題，反而另外告訴南伯子葵應該怎樣學道！

　　　　南伯子葵曰：「子獨惡乎聞之？」

　　莊子讓女偊說：我們在操作入道的進程中，或許開始的時候是從文字上獲得一些觀念，然而這些文字畢竟是多手傳播之後的零星記載，記載著古來口耳相傳的一些深奧的觀念，這些深奧的觀念來自於一些清晰

徹底的領悟，這些領悟本來是不被清楚地傳達，原來只是真實地實踐，實踐著本始的平淡自然，平淡自然到一無所知，只是在一個幽深隱微的狀態中，而它就正是那無知無識之純粹妙道的本身。

　　曰：「聞諸副墨之子，副墨之子聞諸洛誦之孫，洛誦之孫聞之瞻明，瞻明聞之聶許，聶許聞之需役，需役聞之於謳，於謳聞之玄冥，玄冥聞之參寥，參寥聞之疑始。」

相視而笑，莫逆於心
——一氣流通的宇宙論

　　真人的境界已說明，真人求致的道妙也解說了，入道的功夫更清楚了，在超越的追求上，莊子該交代的理念已經進行到了極致，接下來，莊子卻又轉入生死的問題，這次不從道妙的境界來討論，而是從自然世界中「人與天地的存在上的關係」來說明，要把人在天地間的生命來去一遭的本義說明清楚，要使得人生的追求除了在超越之道的境界提升上下功夫外，還要落實到「現實生命的存在意義」上來作最實際的探討，探討「生命的有與無的變化過程」是一個怎麼樣的意義。

　　關於生命的問題，在〈養生主〉中莊子已經作過說明，〈養生主〉文中觀念的重點在於以「全生保身」為生命的目標，生命是自然中的一小塊塊然的存在，把握這個塊然存在的意義作為生命認知的基礎，從而界定目標，轉入自然人我的真實，而不要役役疲憊於社會的雜亂，〈養生主〉給出了生命意義的觀念——「委於自然」，而〈大宗師〉在道妙的揭露之後，知識的腹地已然展開，可以把觀念的建構落實在塊然的生命存在的事實上來討論，接連三大段文字，莊子都在討論這個問題，「物物遷流相變為一安命於天」、「生死兩忘放棄俗禮相造乎道」、「親喪不

哀化而又化入於天一」，這些觀念的表達則分別是以下三段文字的核心觀點，然而理論的基礎都是一樣的，只是在不同的表現處發言。那就是——「生命的流變觀」，而變化的基礎則在於——「氣化的世界觀」。

莊子藉著「四子為友」的故事，說了第一組關於生死問題的觀念：「物物遷流相變為一安命於天」。莊子說：子祀、子輿、子犁、子來四子為友，共同認為生死本是一件事，生死一遭從無到有從有到無，就像是人身上的頭頸到脊柱到脊柱尾端一樣地相連轉變而已，四人心領神會莫逆於心。

> 子祀、子輿、子犁、子來四人相與語曰：「孰能以無為首、
> 以生為脊、以死為尻，孰知生死存亡之一體者，吾與之友矣。」
> 四人相視而笑，莫逆於心，遂相與為友。

為什麼生死是一件事呢？這是因為生死被認識為一件事，在觀念的著落點上，從自然天地齊一的觀點上看來，生命的變化不過是軀體的消亡而復有，人我的意識又將趣入於道妙的悠遊中，所以生命對自我的意義不再是身軀的保擁，而是精神的綿續，身軀成為只是造化的雕塑，可以隨時拆解又重組。

「俄而子輿有病，子祀往問之。」子輿說：了不起呀，你看造化把我做成了這副德性。什麼德性呢？就像〈人間世〉文中的支離疏一樣，彎腰駝背、臉面朝上、頸在臍下、肩在頭上、髮髻沖天，嗚呼怪哉！身體還正生病著。可是他內心輕鬆閒來無事，一拐一拐地走到井邊照鏡子，一看，還真令自己感受強烈，造物者對自己還真是特別呀。子祀問說：是不是生氣了？子輿說：怎麼會呢！這一身的障物，隨便用用罷了，要是老天把我的右手變成公雞，我就拿來雞鳴報曉，要是把我的左手變成彈石，我就把它拿來打鳥以便烤了吃掉，若以脊柱尾為車輪、以思想為馬，那就剛好拿來駕車遊玩不必另外找車了。

俄而子輿有病，子祀往問之。曰：「偉哉！夫造物者將以予
為此拘拘也。曲僂發背，上有五管，頤隱於齊，肩高於頂，句贅
指天。」陰陽之氣有沴。其心閒而無事，跰𨇁而鑑於井，曰：
「嗟乎！夫造物者又將以予為此拘拘也。」子祀曰：「女惡之
乎？」曰：「亡，予何惡！浸假而化予之左臂以為雞，予因以求
時夜，浸假而化予之右臂以為彈，予因以求鴞炙，浸假而化予之
尻以為輪，以神為馬，予因而乘之，豈更駕哉！

　　莊子繼續讓子輿說：我們的身軀帶給我們現實的生命，但是我們的
精神卻能夠遨遊於無窮的宇宙中，所以這個現實而短暫的生命不是根
本，得到它只是時機上的偶然，失去它只是平常的普通事情，安然於這
個突來的機遇，接受這個天地變化的常事，不要將人我意識的激動情緒
置入其中，這正是天地自然對人我生命的根本安排，這是生命的終極解
脫，不能善體此理，是自己有所牽扯掛搭的過多執著，這是根本不必要
的事情，從根本上言，人我從來不曾能安排自己，一切都是造化的巧
妙，我們又何須多事呢？所以我對自己的身形長相是一點也不會生氣怨
恨的。

　　且夫得者時也，失者順也，安時而處順，哀樂不能入者，此
古之所謂縣解也，而不能自解者，物有結之，且夫物不勝天久
矣，吾又何惡焉！」

　　莊子又說了另一個狀況：子來生病快要死了，一家人圍著哭泣，子
犁去看他，看到家人的哀傷，大罵一聲：你們這些人，哭什麼？不要驚
嚇到造化即將進行的工程。子犁靠著門口又說：了不起呀！造化者又要
在你死後把你變成什麼了？或送你到哪裡去呢？把你變成鼠肝呢還是蟲
臂啊？

俄而子來有病，喘喘然將死，其妻子環而泣之。子犁往問
之，曰：「叱！避！無怛化！」倚其戶與之語，曰：「偉哉！造
化又將奚以汝為？將奚以汝適？以汝為鼠肝乎！以汝為蟲臂
乎！」

子犁真是冷酷極了，但是子來卻也是同一個調調。子來說：人生在
世總有你不得不聽命的事情，像父母的要求吧，不管是什麼事情幾乎都
得答應，然而自然的造化對人而言則更是影響深遠，不亞於父母，現在
老天大概快要讓我死了，如果我不聽，那豈不是太兇悍了，造化有什麼
不對，這本就是造化的工作嘛！天地給了我的形軀生命，讓我勞累一
生，然後在晚年給我安適的生活，最後拿走我的生命讓我安息，這都是
多麼自然平常的事情呀，所以我們這些了解生死變化之道的人，既要妥
當地生活著，也要安順於死亡的來臨，不是嗎！如果說有鐵匠在鑄鐵，
結果在爐火中的熔鐵自己跑出來說我一定要作天下第一的神劍，那一定
會把鐵匠嚇一大跳，以為是不祥之物。現在如果有人執著於為人之欲，
說我要怎樣怎樣，那麼造化也會以之為不祥之人。造化本身是天地自然
一切事變的根本，天地就像鑄鍊之熔爐，造化則是大匠，大匠自有熔鑄
的想法，熔鐵毫無表意的必要，隨其冶製，何物不可，總都是在天地之
間呀。死亡只是解脫，就像完成後睡著了，而當新的生命誕生之時，我
們在不自覺之中就醒來了，適時來也。

子來曰：「父母於子，東西南北唯命之從，陰陽於人，不翅
於父母，彼近吾死，而我不聽，我則悍矣。彼何罪焉！夫大塊載
我以形，勞我以生，佚我以老，息我以死，故善吾生者，乃所以
善吾死也，今大冶鑄金，金踴躍曰：我且必為鏌鋣，大冶必以為
不祥之金，今一犯人之形，而曰『人耳人耳』！夫造化者必以為
不祥之人。今一以天地為大鑪，以造化為大冶，惡乎往而不可
哉！」成然寐，蘧然覺。

臨尸而歌，顏色不變

——放棄俗禮以面對生死的真相

　　關於生死問題的第二段文字的中心觀念是「生死兩忘放棄俗禮相造乎道」，這次主角人物是子桑戶、孟子反、子琴張三人，他們共同對生活世界的看法就是統貫為一，在無所執著的情境中進行著一切，平淡無華，從而使生命悠遊於自然齊一之境中，登雲霧之上，遊縹緲之峰，生死兩忘，遊於無窮。這些都是莊子所言得道者心靈中對生命真正歸趣的看法，他們既然生死兩忘，那麼對於喪禮的態度自然是哀樂不施、安然於化的態度了。

　　子桑戶、孟子反、子琴張三人相與友曰：「孰能相與於無相與，相為於無相為？孰能登天遊霧撓挑無極，相忘以生，無所終窮？」三人相視而笑，莫逆於心，遂相與友。

　　莊子又找了孔夫子和擅於學禮的子貢師徒，讓他們來發表關於對待喪禮的態度以及背後的根本道理。子桑戶死，未葬，孔子聞之，請子貢去看看有什麼需要幫忙的沒有，沒想到喪宅中人，或歌或樂，安適地頌唱曰：來喔！桑戶來聽喔！你已經回到自然的妙道中，得獲真實的精神境界，真好呀！可歎我們卻還被拘束在人間哩！子貢聽了覺得荒唐極了，跑上去責問說：你們這些不懂禮儀的傢伙，居然在喪宅中對著死者唱歌，這像話嗎？沒想到卻被孟子反和子琴張兩人取笑說：你懂得什麼禮呀！子貢氣壞了，跑回去告訴夫子這事，他真搞不懂，問說：這是些什麼人物呀？內心毫無修養，行為不重外表，臨尸而歌，還神氣自若，簡直不知道怎麼說這些人，他們到底是些什麼人呢？

　　莫然有閒而子桑戶死，未葬，孔子聞之，使子貢往待事焉，或編曲或鼓琴，相和而歌曰：「嗟來！桑戶乎！嗟來！桑戶乎！而已反其真，而我猶為人猗！」子貢趨而進曰：「敢問臨尸而歌，禮乎？」二人相視而笑曰：「是惡知禮意？」子貢反以告孔子曰：「彼何人者邪？修行無有，而外其形骸，臨尸而歌，顏色不變，無以命之。彼何人者邪？」

　　孔子說：這麼樣呀！這麼說他們都是些方外之人囉！我們是方內之人，方外方內本就湊不到一塊兒，我居然還要你去「往待事焉」，是我不對。像他們這些人物呀，他們正想著要和造物者為友，要做天下一等逍遙散人，天上地下任其來去，打破所有的觀念差別，以天地為一氣，以萬物為齊一，以生死為一事。他們認為生命的獲得就像在身上長了一塊多餘的肉瘤，生命的死亡便只是像割掉膿瘡一般，如果以這樣的想法來看待生命的來來去去，那生生死死有何差別，無先無後，根本上就失去了分辨的意義了。他們知道生命的變換只是假藉著不同的身軀，其實都仍然是在造化的天地一體之內，所以他們會遺忘身上的器官，不使用身體的感官知覺，在生命的變換反覆中，根本不知道開始與結尾是什麼，他們惚惚恍恍地遊玩於大自然的四處荒野之地，逍逍遙遙地自做生計而不與社會需求掛搭，他們哪會擾亂自己，刻意造作一副合於禮儀的社會人物的模樣，以便取悅我們這些方內之人呢？

　　孔子曰：「彼遊方之外者也，而丘，遊方之內者也。外內不相及，而丘使女往弔之，丘則陋矣。彼方且與造物者為人，而遊乎天地之一氣，彼以生為附贅縣疣，以死為決疣潰癰，夫若然者，又惡知死生先後之所在！假於異物，託於同體，忘其肝膽，遺其耳目，反覆始終不知端倪，芒然彷徨乎塵垢之外，逍遙乎無為之業。彼又惡能憒憒然為世俗之禮，以觀眾人之耳目哉！」

　　子貢聽了夫子的言語，真是深妙極了，莊子趕快把握機會，讓子貢再請夫子多透露一些：夫子您說您是方內之人，這個方內是什麼意思呀？夫子說：我這個方內呀，是自找的，老天爺沒教我這麼多事的禮呀樂呀仁呀義呀，我卻自己找了這麼多東西來拘束我自己，好像把自己關在牢籠裡，我是上天的戮民吧，就像被老天爺懲罰一般，現在你是我的學生，你的一切想法都是跟我一樣，所以我們師生一起，都在受刑。

> 子貢曰：「然則夫子何方之依？」孔子曰：「丘，天之戮民
> 也，雖然，吾與汝共之。」

　　子貢心想：原來我們是這麼可憐呀！於是再問道：那剛才說的那些人，他們的「方外」又是什麼意思呢？莊子讓夫子說：水是魚的造化，有了水，魚便可活了，所以要養活魚只要有一池小水就夠了，這就是魚們生活上的根本道理。但是我們這些人類呀，卻是以道為我們的造化，只有道才是我們生活的根本道理，而道是什麼呢？道是一個逍遙自適、無目的、有巧妙的造化安排吧，我們這些相造乎道者，就是要體貼這個意境，我們在社會生活中要能無心於事，在境界功夫中則能生定而有成，所以我們不應該把注意力放在無用之物上。在江湖之中魚得其養，故而相忘於江湖，各不相干；在道術中人得其真，故相忘於道術，自適其適。所以他們的方外就是外於世俗、入於道妙，在道術的逍適中相忘世俗的囂囂爭嚷。

> 子貢曰：「敢問其方？」孔子曰：「魚相造乎水，人相造乎
> 道，相造乎水者，穿池而養給。相造乎道者，無事而生定。故
> 曰，魚相忘乎江湖，人相忘乎道術。」

　　子貢心想，這真難呀！能夠做到這樣豈不是奇人一個了！請問夫子：這是不是一種奇人呀？夫子說：你要這樣講也是可以的。奇人不就

是不同於普通人而同於造化之天的人嗎！所以呀，以天的標準來看，能夠做到得其道妙者畢竟是少之又少，通常都只能像我們這樣做到社會的價值標準而已。就造化之道妙的標準，其所謂的小人物，在我們眼中就已經是你我這般的君子了，所以我們這些自以為君子的人物，其實在造化之天的眼中，不過是個小的角色而已。

> 子貢曰：「敢問畸人？」曰：「畸人者，畸於人而侔於天，
> 故曰，天之小人，人之君子，人之君子，天之小人也。」

造適不及笑，獻笑不及排
──親喪不哀的守喪觀

關於生死問題的第三段討論，是以「孟孫才母死」為主軸，觀念的重點在於「親喪不哀化而又化入於天一」。父母之命是人之大戒，但是又為什麼親喪不哀呢？在莊子的生死觀中，生死只是異物遷流，當然不須哀傷，既然生死是遷流，那麼生命的主體為何？生存的味道是怎樣？這都成了細緻的理論問題，莊子將予解說。

莊子的發言首先從顏回的疑問開始，顏回問說：孟孫才的母親死了，他哭泣無淚、心中不悲、守喪不哀，三事都做得不對味兒，他在魯國卻得到善喪的孝名，簡直是浪得虛名，我真是弄不懂！這是什麼道理呢？

> 顏回問仲尼曰：「孟孫才其母死，哭泣無涕，中心不感，居
> 喪不哀，無是三者，以善喪蓋魯國，固有無其實而得其名者乎！
> 回一怪之。」

　　夫子說：孟孫氏好樣兒的，他對生死的認識超越我們一般人的想法，人們欲節哀而不得，他卻做到了。對於生死的問題，他根本不認為人的生命活動中有所謂真正的生、真正的死，在生命的遷流中，因為生生死死不斷接續，所以也沒有根本的生前死後之時間的截然斷分。母親之死亡，不過就是從「為人之身」化為「死屍之物」，然後還要再變化，所以所謂守喪，基本上就是安安靜靜地等待著即將進行的變化吧，只是我們不知道造物者要將親人變為何物而已。不過我們的「靜守其化」其實也是不真實的事情，自然的造化是一個無始無終、變化不止的活動，我們根本就無法明確地覺知其化與不化，不只是我們所守的喪親是如此，就連我們自己不也是一直處於自然造化的道妙之中嗎？就像你我，說不定在造化的安排中，只是兩個夢境中的師徒在對話而已。其實孟孫才的母親只不過是因為死掉了所以樣子怪怪的，但是她也並沒有根本地消亡呀，她的精神仍在，思想仍存，她的真我也還在等待造化對她製訂的變化呀，她或有一生的過去，然而這一生的生命已經死了，所以會有形軀的變化，但是卻沒有真正的死亡可言。對於這件事情，孟孫氏理解得特別深刻，所以他的居喪便不同於凡人，人哭亦哭，其實只是跟著眾人簡略地相應禮俗一番而已，其實他是不需要哭的。

　　　　仲尼曰：「夫孟孫氏盡之矣，進於知矣，唯簡之而不得，夫已有所簡矣，孟孫氏不知所以生，不知所以死，不知就先，不知就後，若化為物，以待其所不知之化已乎！且方將化，惡知不化哉！方將不化，惡知已化哉！吾特與汝，其夢未始覺者邪！且彼有駭形而無損心，有旦宅而無情死，孟孫氏特覺，人哭亦哭，是自其所以乃。

　　莊子讓夫子續說：人呀，在自然齊一之中，根本沒有什麼自我生命可執著的，我們只是彼此認識，互相叫叫，暫時地為你為我罷了。你知道我們在自稱為我的時候是個什麼樣的德性嗎？其實什麼都不是，在造

化的安排中，我們根本不知道自己是何人的，你可知道你我之間不過是
一場虛夢，說不定哪天你夢到自己變成小鳥飛翔空中，或是變成小魚游
於水中，這隻小鳥小魚可是不認得你顏回、我孔丘的呢，那麼我們兩個
現在在這裡說話，到底是醒著地說還是夢中地說呢？不要太堅持生命的
存在與活動的絕對性，我們都把自己置放在造化的妙行中吧，在自然逍
遙的隨順中，我們自適清爽地生活著吧，讓我們適意地去領略那愉快的
心境，在還沒來得及展露笑容之前，我們內心已然適意，在還沒來得及
認真意會適意安排之前，我們已經噗嗤一聲笑出來了，多麼悠適哪！安
然於道妙的造化，任其隨意遷流，而終於將自我的境界放達於存有的奧
妙與那寂寥的天地齊一之中吧。

　　且也相與吾之耳矣，庸詎知吾所謂吾之乎？且汝夢為鳥而厲
　乎天，夢為魚而沒於淵。不識今之言者，其覺者乎，其夢者乎？
　造適不及笑，獻笑不及排，安排而去化，乃入於寥天一。」

黥汝以仁義，劓汝以是非
──對仁義是非價值的批判

　　〈大宗師〉一開始在描述真人境界之時，就已經討論了聖人在政治上
的作為方式，同時對社會一般的政治操作提出批判。接下來的這段文
字，則直接針對政治活動的目標──「仁義是非之彰顯」進行批判。

　　在〈逍遙遊〉中的堯與許由再次成為故事的主角，一位接受了堯的
思想的賢者──意而子，往見許由，想向許由學習他的道術，許由一見
面就不客氣地把話挑明了說：堯是你們心目中所謂的聖王了，他一定擁
有許多你們認為是好的東西，你倒說說看，堯有什麼好的觀念、想法讓
你們這麼信服的？意而子說：堯告誡我們，要真誠地由仁義行，要認真

地護衛道德是非。

　　意而子見許由，許由曰：「堯何以資汝？」意而子曰：「堯
　　謂我：『汝必躬服仁義，而明言是非。』」

　　是的，這當然是堯的教法，但是道家人物許由卻不是這套觀念的，
意而子並不清楚兩者的差別，只想著大家都是高人，不是可以向堯學學
再向許由學學嗎？其實這是不可能的，堯與許由的差別不是技術、智巧
上的差別，而是根本方向上的差別，根本方向決定了心靈的蘄向，是內
功心法的差別，是不能混著學的。
　　所以許由說道：那你還來找我幹什麼呢？堯所給你的「仁義是非」
都是刑罰，你已經被堯用「仁義是非」給黥住、劓住了，你的觀念意識
中充滿了「仁義是非」的堅持，你是根本不可能再和我學「逍遙自適遊
於無窮」的道術了。

　　許由曰：「而奚為來軹？夫堯既已黥汝以仁義，而劓汝以是
　　非矣，汝將何以遊夫遙蕩恣睢轉徙之塗乎？」

　　意而子以為許由大約只是在考驗他的誠意，所以仍然一副很誠懇的
樣子說道：我雖然學了些堯君的東西，但是我還是很想學學夫子您剛才
說的那些道術，一起和夫子您進入逍遙無窮的境界中遨遊。

　　意而子曰：「雖然，吾願遊於其藩。」

　　許由說：不可能的啦！就像瞎子看不到美好的顏色，聾子聽不到美
好的聲音一樣，你是根本不可能學得到的。

　　許由曰：「不然。夫盲者無以與乎眉目顏色之好，聾者無以

與乎青黃黼黻之觀。」

經許由這麼一說，意而子還是不死心，頭腦的聰慧領導他作觀念的轉換，似乎許由強調的是意識堅持的抖落，既然已有領悟，豈不可以效學，便說：天下第一美男子無莊，可以做到不以美貌自況；天下第一大力士據梁，也可以做到不自恃其力；天下大智者黃帝，也是可以不自恃其知，他們的這種境界都是在生命中經過錘鍊而得的，都是造化中可能發生的事情，我又何獨不能做到呢？您認為我受到仁義是非觀念的影響太深，現在我已經了解了您的意思，我會嘗試化除它的，說不定造化者這會兒正在幫我的忙呢，讓我逃離仁義是非的刑罰桎梏，使我得以遊於先生之門同享逍遙徬徨之境哩。

　　意而子曰：「夫無莊之失其美，據梁之失其力，黃帝之亡其
　　知，皆在鑪捶之閒耳，庸詎知夫造物者之不息我黥，而補我劓，
　　使我乘成以隨先生邪？」

許由一聽，覺得先前的工作似乎沒有白費，內心稍稍寬慰，終於改變態度，說：嗯，說不定是喔！你說的有可能喔！好吧，就讓我為你說個大概吧。我們道家所學所教的東西，都是直指根本的道妙，守住自然的質樸不欲有雜多的贅飾，對道家的觀念而言，「義」是事有所宜，如此即可，所以我們安排、管理、順成了萬物的存在定位之後，就是這樣了，哪還有閒功夫去強調義不義的是非呢？事情做不好卻光在嘴上講講，這是最無趣味的了。「仁」嘛，普遍的關愛，在施化時，讓世人同享澤惠即是，何必大張旗鼓地強調再三呢？恐怕是「失德而後仁」吧。須知「大仁不仁」，所以「仁義是非之彰，道之所以虧也。」道之操作，覆天蓋地終永不息，自然造化巧妙不彰，我們在處理人世的社會事務的時候，境界上也是這番道理的，這就是我所說的道妙，入遊我門如此而已，此所謂遊也。

許由曰：「噫！未可知也，我為汝言其大略。吾師乎！吾師乎！鼇萬物而不為義，澤及萬世而不為仁，長於上古而不為老，覆載天地刻雕眾形而不為巧，此所遊已。」

墮枝體，黜聰明，離形去知
——坐忘的功夫論

〈大宗師〉前文中的女偊講「朝徹見獨」的功夫，現在莊子又要講「坐忘」的功夫了。「坐忘」功夫與「心齋」功夫、「朝徹見獨」功夫，都是莊子講功夫的典範，這次，莊子又是假借夫子、顏回師徒的對話來演練他的功夫哲學。

顏回在求道的路程中進發，日漸有進，一日，顏回說：我在功夫上稍有進步了。仲尼問：怎麼個進步？顏回說：我忘仁義了。

顏回曰：「回益矣。」仲尼曰：「何謂也？」曰：「回忘仁義矣。」

「忘仁義」是好的，但仍只是功夫的第一步，是在觀念的執著上打落了人與社會糾纏的枷鎖，仁義是一個強烈的意識，由於它的存在，使得人生的行為處世有了明確不移的「方向」指引，但也因為「方向感受」的堅定，它的「明確內容」成為它的桎梏絆鎖，所以求道的第一步是要在內心意識裡將這種強烈不移的緊張解放掉。仁義就是這種有明確方向內容意識的執著，所以我們要把「仁義」化除。但是這還不夠，因為「仁義」是內容性的執著，另外還有個形式性的執著也要化除，「禮樂」便是形式性的執著，已經放下了價值觀，卻不一定放得下伴隨著價值觀的行為模式。能回歸到道妙的普遍關懷的樸拙之情，未必就同時回歸到

道妙的自然質樸及其無所雕塑的輕鬆行止中，內心已經放下了觀念堅持的人，在行為的外表卻尚未培養幽默自在的精神，所以還會拘拘於視聽言動的規矩板眼，這就是「禮樂」的堅持。一個不會強迫自己與他人來個殺身成仁、捨生取義的豪傑英雄，卻可能轉變為安靜的書生、謙謙的君子，不敢豪放而行，所以求道功夫的第二步要做到對自己的放縱；觀念的嚴肅是第一步的化除，行為的嚴謹是第二步的化除，禮樂隨著仁義，兩皆相忘，我們才算抖落一切以社會人格為標準的意識堅持。當然這也還不夠，這是外在的功夫，是將本來就不必要的東西丟棄而已，社會人格去除之後的下一步是自然人我觀念的去除。所以顏回一忘仁義，二忘禮樂，而夫子皆曰：猶未也。

　　曰：「可矣，猶未也。」它日復見曰：「回益矣。」曰：
「何謂也？」曰：「回忘禮樂矣。」曰：「可矣，猶未也。」

　　所以顏回忘仁義之後要忘禮樂，忘禮樂之後還有個更根本的忘懷，顏回說：坐忘。仲尼嚇一跳，問道：何謂坐忘？顏回說：我把身體的感官知覺的作用也給遺忘了，這是一個人我意識的實存活動，我們的自我意識是一個對於有生命的人的絕對真實存在的活動，我們可以遺忘一切學習於社會文化的後天事務，卻在時時刻刻中不得已而然地活動在自我生命的先天存在之真實中，而我們的學道，是一個根本的回歸活動，要回歸到自然本根的道妙作用中，因此這個自我意識的自覺仍是一個障礙，「坐忘」的境界就是將這一步也給化除掉，除掉之後，這個拘拘之自我頓時開顯了活動的範域，原來天地自然無處不與我相通，原來我本就在於造化的安置之內，我與世界齊一，在觀念的領會與道妙的流動中，這一切都是一體相通的。

　　它日復見曰：「回益矣。」曰：「何謂也？」曰：「回坐忘
矣。」仲尼蹴然曰：「何謂坐忘？」顏回曰：「墮枝體、黜聰

明，離形去知，同於大通，此謂坐忘。」

顏回入道了，仲尼驚讚不已。顏回的這個境界將使他在社會的對應上，因為同於大通，因此沒有禮樂仁義的堅持，也將使他在生命的感受上因為沒有人我意識的執著，故而不會被限制在生老病死時空內外的臨界裡。夫子說：了不起，我要向你學習。

> 仲尼曰：「同則無好也，化則無常也，而果其賢乎！丘也請
> 從而後也。」

天無私覆，地無私載
——安命的生死觀

〈大宗師〉文的最後，莊子似乎頗為多餘地又提到了生死的問題。這次的男主角好像不那麼開心了，對於自己即將死亡的命運，有些了解卻也有些哀怨。子桑被雨淋了十天，又餓又病，情況糟透了，簡直快死了，子輿帶了東西去給他吃，卻聽到子桑非哭非歌地嚷著，老爸啊！老媽啊！老天啊！我啊！一副有氣無力、口齒不清的模樣。子輿問他：你幹嘛啊？這樣亂叫個什麼東西嘛！子桑說話了：我只是在感受我的命運嘛！你看我現在這副德性，我打破了頭也想不出來是誰造成了我的這樣子，爹娘是不會要我這麼窮困的，老天沒有私心所以也不會特別找我的麻煩，既然沒有人故意要我這般，而我居然還搞到這步田地，這大約就是命吧，我也只能認命、安命了，所以我現在正在感覺著我的命運哩。

> 子輿與子桑友，而霖雨十日，子輿曰：「子桑殆病矣！」裹
> 飯而往食之，至子桑之門，則若歌若哭，鼓琴曰：「父邪！母

邪！天乎！人乎！」有不任其聲而趨舉其詩焉。子輿入曰：「子
之歌詩何故若是？」曰：「吾思夫使我至此極者而弗得也，父母
豈欲吾貧哉！天無私覆，地無私載，天地豈私貧我哉，求其為之
者而不得也，然而至此極者，命也夫。」

應帝王

　　從《莊子》內七篇行文重點的角度來看，莊子主要要發表的哲學觀念在前六篇中都講得差不多了，如果我們把莊子哲學當作一個人生哲學的體系來說的話，那麼體系中應該要有的基本問題之解決，前六篇中大都已經談到了。例如：一、世界觀中的始源問題，那就是道是最後的本根，遍在、永恆且超越地安排了天地萬物的運行。二、世界觀中的本質問題，那就是作為造化原理的道本身，是以一個逍遙自適、無目的、有巧妙的方式在安排了天地萬物的。三、人類生命的意義結構問題，那就是要以整體天地萬物的根本造化原則為人類生命的原則。四、人生的目標方向問題，那就是要以道的造適方式為生活的終趣，以冥合於道的生存方式為人生最高境界的內涵。五、社會存在的意義結構問題，那就是社會的固定活動模式只是人心的成見集聚而成，是一個不需要集結的結構，因此不應該是人生追求的目標方向。六、社會議論的知識性問題，那就是所有成心構作的知識體系都只是對至道的封限，根本上，人意私智建構的知識是趣道的障礙，應該去除。七、人生境界的提升問題，那就是要進行絪合身心操作的功夫鍛鍊，讓身心的狀態與天地自然之運行一致，在觀念上以道為依，在知能上與天地自然為依，從而達到逐步化除人我執著，以趣入與至道冥合的真人、至人境界中。

　　以上各個觀念的重點分散在《莊子》內七篇中，並不一定哪一篇文章特定只談哪一個觀點，而是隨著行文的觀念流動在該說出的時候就自然表達，所以就〈應帝王〉這篇文章的重點而言，其實也在前面若干文脈中出現過了，〈應帝王〉的重點是什麼呢？這是一篇發表「得道者對於政治事業的回應態度」之觀點的文章，這是因為莊子畢竟是一個在政治動盪的時代中人，他的所有觀念的建構過程中，最直接的觀察反省角度仍是政治社會的現實，政治問題的回應仍是他的觀念體系中必須交代的課題，所以〈應帝王〉是莊子直接處理政治問題的「政治哲學」之文章。

　　然而莊子對政治哲學的討論是側重「目的性」的問題，是界定政治活動作為一種社會生活的活動領域之根本意義，討論對於一個以求道為

最高目標的道家哲學體系而言，這種政治性活動的定位為何。莊子基本上是否定社會活動的根本性，社會活動的需求是一個虛妄的需求，因此政治活動的意義根本上也是一個「無意義」，對於這個無意義的活動卻仍在現實上存在的事實要如何面對它呢？〈應帝王〉中說了四段故事以及一段總結性的理論文字來處理它。此外〈應帝王〉文中還穿插了一段關於列子和他的老師學習修行的故事，這段「壺子四相」的故事跟〈應帝王〉的主題沒有直接的關係，它的觀念主題倒是和〈列子〉一書的討論完全符合，基本上都是在功夫鍛鍊的過程意義上作說明，觀念細膩而意旨悠遠，可以和《莊子》文中若干討論功夫理論的文字一起來了解，極有擴深莊子功夫理論的助用，因此可以說是從境界修為的說明中，暗示至人境界的旨趣，補充得道者對政治事務漠不關心的對應態度的理由。

藏仁要人
——對政治人物有意私為的批判

作為一位高明的政治人物，他的高明根本上是一種與自然冥合的「得道修為」之高明，根本上不是一種社會活動意義下的「政治操作」之高明，所以他的「與人對待」在根本上是沒有目的性的，而沒有目的性的關係模式從操作的形式上來講就是「不予表現」的行為模式。莊子在〈齊物論〉中已經明白點破「大仁不仁」、「道昭而不信」，所以莊子對於政治活動的理想境界的看法，從形式上講的高明條件，便首重這個「無外顯、無表現」的純粹性，而拒絕任何「有意為之」的造作。造作既然應予拒絕，則活動便是在內心中的純然真實，真實之中有逍遙自適而與外無涉，則社會中的任何形象品牌都與自己的內在心境無關，能做到這點便達到了內心修養境界的高點。以此作為對應的態度，則無人能與之起衝突，則在處事對應的範圍中便能逐漸建立一個穩定清安的局面，這

才是政治境界上的高明，稍有造假便已不是，即令仍有效果上的呈現，這也不是最高得道者的所求，因為道家人物追求的目標，從根本上言是一個自我與妙道的絕對契合之境界，而不是社會政治活動中所要的天下太平，所以社會人際間的有效無效不是所求的重點，自然人性的逍遙自適才是根本，因此絲毫造假不得。

　　莊子又請出齧缺與王倪來對話，以彰顯他要說明的觀點。莊子說：齧缺又問道於王倪，而王倪卻拒絕回答。王倪為什麼不回答呢？因為他深知真正的得道境界，是要在心性修為中真實做到，而不是在知識觀念上的清楚表達，所以至道是不彰顯自己的，但是王倪又要讓齧缺明白道的真相，又認知到知識與境界本身的弔詭性，那怎麼辦呢？怎麼教呢？這又是另一個問題了。欲使所知在溝通中真實傳達，必然需要透過活動的實踐，所以這個溝通行為的本身必須同時是對這個觀念的實踐，所以，為傳達「至道不彰」的道理，王倪乾脆來個「不彰的實踐」──「四問四不答」，讓齧缺自己衝擊自己而有真實的體會。這次，齧缺體會到了，這種在觀念的需求上被拒絕的強烈感受，觸動到他的內心深處能真實地反省心意鍛鍊的根本道理。原來境界的提升就是這麼真實而能經驗的，原來觀念知識的傳達就是這麼表面而無根的。齧缺對於這種從形式上的引導，進而深入絕對高明的領悟深受其惠，因而大喜，轉告蒲衣子，蒲衣子亦更進一步地闡釋這個道理，並從政治人物的品評上為例：對於政治人物之境界高下的觀察，原來也是一個真實純粹度的問題，是否真在道中行止，這個角度本身才是核心，而不是任何社會意義的操作效用。

　　　齧缺問於王倪，四問而四不知，齧缺因躍而大喜，行以告蒲
　　衣子。

　　蒲衣子說：你現在終於領悟了吧，為什麼我們在人物的評價上說「有虞氏不及泰氏」的道理了吧。有虞氏有意為仁，欲以仁感通，欲求得

眾人止於仁德情懷的安定中，其結果確實也能得到天下的安定了，因此就社會政治作為一個目的來說，有虞氏是成功的，但是社會活動本身不是人生境界上的終趣，它是私意造作的偶然，相對於人與妙道冥合的境界而言，它是極為外在的附屬之物，所以有虞氏其實尚未擺脫有意造作於社會目標的「非人」之境界，是仍然停留在「役於物」的境界中。至於泰氏，他才是得其妙道的至人，他才是真能做到與自然為一的逍遙自適之境，所以他在自我的生活中表現舒泰，睡覺時睡得安穩，醒來時心情愜意自適，毫無人我意識的執著，為牛為馬任其自運，他是多麼地本真、多麼地自然、多麼地真實，他從不以外在社會的私意造作來限制自己，從來就不會表現出符應社會需求，或是強要社會符應自己需求的社會性行為，他在社會政治操作上的境界是自正自清，天下隨其自定，從未受制於外物之役，所以他才是真正的「真人」，而從來就不是受社會制約的「非人」。

　　蒲衣子曰：「而乃今知之乎？有虞氏不及泰氏。有虞氏，其猶藏仁以要人；亦得人矣，而未始出於非人。泰氏，其臥徐徐，其覺于于；一以己己為馬，一以己為牛；其知情信，其德甚真，而未始入於非人。」

經式義度
——對儒家社會禮法的批判

　　對「經式義度」的批判，就是對以法令規章來治理國是的批判。法令規章對人類行為的規範，純粹是外在的約束力量，一方面是人意私智構作的觀念叢結，根本與至道悖離甚遠，缺乏迎合人性自然的穩定力量，更不是人際活動的絕對模式。另一方面是對人慾情緒的強力控制，

本身在爭競攪動之中，永遠無有安寧，因此也就永遠缺乏澄清的條件。所以欲以法令規章的上下貫徹來作為政治平和之手段的想法，是不徹底的，同時是多餘而無效力的。有智慧的政治工作者並不以之為絕對條件，真正用心之處絕不在此，而是在於一個平和天下人心的安寧境界之設計，是以不攪動紛亂為上，而不是以制裁管束為依。

　　這次莊子又請出了在〈逍遙遊〉文中的肩吾和狂接輿來作故事中的主角。莊子說：肩吾往見狂接輿，狂接輿要肩吾說說日中始的政治哲學觀念。肩吾說道：日中始認為，君王對待萬民的法則，就是依據常道、制定法令、規範行為準則，同時自己謹守此道，如此便可上行下效，教化人心，百姓歸順。

　　　肩吾見狂接輿。狂接輿曰：「日中始何以語女？」肩吾曰：
　「告我君人者，以己出經式義度，人孰敢不聽而化諸！」

　　狂接輿說：此非大法而小技也，以為訂出行為儀軌便可上行下效，這是偽飾自己的做法，自己偽飾成有德的明君，希冀天下人來自動歸附，誰不曉得其實骨子裡頭都是政治判斷，而政治判斷的根本目標則是政治目的的遂行。而這個政治目的嘛！正是我們道家人物最不喜歡的東西，因為他根本上是一個無效的虛妄，用這種辦法來治理天下，既是多此一舉──「涉海鑿河」，根本沒有用到著力點上；更是不自量力──「使蚊負山」，完全罔顧人心詭詐的實際。真正的聖人在面對天下的時候，絕對不是用心於這種區區小事之上，這是悖道的餘事。聖人乃守在至道的本然中，依於妙道而行，使人心的慾望騷動自然止息，自己用心如鏡，從不假私，從不造作，而在待人上保持寬容，以自然的力量感通對方，絕不勉強行事，能行則行，不能則止，沒有任何社會的人際模式是那麼地必要到無法寬容的地步，人際之間真正該關切的是心意如行雲流水般地妙動，而不是規矩管束的制裁。這是有智慧的人類應走之路，你看看那些小鳥猶知高飛以避弓矢，山鼠亦知深藏以避挖鑿，牠們都是

知道自己的本事以及他人的凶殘，所以找到了生存的悠適安全之道，難道我們人類在人際活動之間的操作，一定要那麼地無知嗎！既欺己又壓人，豈不是自陷危殆而仍囂囂，愚昧至極矣。

> 狂接輿曰：「是欺德也；其於治天下也，猶涉海鑿河而使蚊負山也。夫聖人之治也，治外乎？正而後行，確乎能其事者而已矣。且鳥高飛以避矰弋之害，鼷鼠深穴乎神丘之下以避熏鑿之患，而曾二蟲之無知！」

予方將與造物者為人
——對政治使命感的否定

就道家哲學的立場而言，「為天下」是不能成為目的的。在「與道為一」的道家思維中，天地間的根本秩序只是自然的造化，社會的活動只是偶然的湊搭，掌握天地根本秩序之後，社會秩序自然安定，強欲以社會秩序本身為目的，就是對於天道造化的斲傷，所以妄想在人意私智的意義層面上來定位此妙道時，是會違背道的無目的性的，如果把「天下之治亂」作為一種目的性，是無法取得根本的目的性優位，「為天下」的目標它只需在合道的秩序中自然地被安定了即可。

莊子這次找了兩個逍遙散人來對話，這兩個人根本連個像樣的世間名字也沒有，所以乾脆隨便稱呼著，一個叫天根，掌握天地之道的人，一個叫無名人，忘遣世俗的人。莊子說：掌握了妙道本根的「天根」先生，正悠遊地在殷山之北逍適其意，卻在蓼水旁邊偶遇連名字都懶得取的「無名人」先生，兩人相視一笑，莫逆於心，遂相與為友，於是在口舌上遊戲了一番，為他們兩人自己的生活情調說說道理，讓喜好批評他們是曠野散人的那些庸庸碌碌的、有使命感的社會人士自我反省一下。

天根於是開口說說：你這傢伙，這裡明明是我休憩遊適的地方，怎麼你也在這裡窩著，是不是沒本事逐鹿中原而被放逐至此呀？你到底知不知道如何治國平天下呀？無名人說：什麼話，滾一邊去，你這個大爛人，一開口就令人生氣，老夫我在此地正在享受著與造化為一的趣味，滿足了，就要乘著縹緲虛無的天鳥，飛到天地之外，在一無所有的無垠穹蒼中恣意盪適，讓自己體會身處無邊無境的妙野之感，我的心思都跑到這些事情上頭去了，你又何必提什麼天下不天下的事情來騷擾我呢？

> 天根遊於殷陽，至蓼水之上，適遭無名人而問焉，曰：「請問為天下。」無名人曰：「去，汝鄙人也，何問之不豫也，予方將與造物者為人，厭，則又乘夫莽眇之鳥，以出六極之外，而遊無何有之鄉，以處壙埌之野，汝又何帠以治天下感予之心為。」

天根出招，無名人回得好，天根再出一招：說得跟真的一樣，好，我問你，你真的有這本事嗎？還有，照你這辦法，如果還是天下滔滔的話那怎麼辦？無名人說：這個嘛，問得很實際唷！這是一個同時操作內外兩層的功課，在內是自己的功夫，在外是政治影響的作為。在功夫上，要無所用心於外在之事，要用心於貼合道妙的觀照中。在身心的調適上，不要耗精竭神於外，要平順心氣於自然本能的勃動中。至於外在社會的對應上，要因以曼衍，順其自然，安時處順，私意不用。如此自正而後使得人心止沸，使社會眾人情緒的騷動平止，從而使天下的騷動亦得安定下來。

> 又復問，無名人曰：「汝遊心於淡，合氣於漠，順物自然而無容私焉，而天下治矣。」

敢問明王之治

──不得已而管理天下的政治家形象

　　妙道的運行有其自然的韻律，默默隱微不顯於外。聖人在政治上的操作也是以此為借鏡，是人心的澄靜自然而鎮定了社會的煩擾，而不是強力管斥而鎮壓了人慾的激動，所以聖王的操作不是一個才華的顯態表演。既然聖王的目標是一個情緒意識的平和、止息、消亡，所以真正高級的操作是一個為而不恃的隱態作用，不欲在社會的動盪中再去觸動動盪的幅度，而是要在動盪之外創造更多的安寧環境，當人心都能平止在安寧的環境中時，這就是莊子所要的聖王境界的操作要領。所有高明的聖王，在進行著操作的準備時，根本上不是在規範管理的層面上用心，而是在合道的氛圍中擴散氣氛，因此表面上是一個政治操作的行為，在根本上卻是一個求道的活動，合道才是活動的根本，無論意義與目標都定執在此，這才是莊子的衷心關切。

　　這次莊子請出道家的老大哥──老聃來講話了，莊子說：陽子居見老聃，對於老聃最在行的「明王治國之道」頗有興味，想請教請教老聃，但是陽子居本身對明王的了解稍有偏差，老聃便切入核心予以解答。陽子居問說：明王的標準，是不是意志堅定、勇於任事，而且頭腦清楚、事事通曉並且認真執著學道不倦呢？喔！不！老聃說：絕不是這麼回事的。你所說的這種人物比起聖王來啊，只是一些具有小智小技的角色，是一個勞苦其身、憂傷其情的可憐蛋，是一個為人役使的角色，絕不是安定天下的聖王，你所說的這種人物看似極有才能，可是這正是他們的弱點。他們的才能展現之時會像虎豹因其紋彩而遭獵殺，稍好者，或像敏捷的山猴和能捉狸的獵犬般地為人役用，你說這種境界的才華能算是明王嗎？

　　陽子居見老聃,曰:「有人於此,嚮疾彊梁,物徹疏明,學
道不倦。如是者,可比明王乎?」老聃曰:「是於聖人也,胥易
技係,勞形怵心者也。且也虎豹之文來田,猨狙之便執斄之狗來
藉。如是者,可比明王乎?」

　　陽子居本以為明王一定是個社會中最認真、最有才能的人物,聽了
老聃這麼一說,簡直無法想像明王的境界到底是什麼樣的?他驚懼地問
道:能不能請先生您直接說明明王之治的境界呢?老聃便直接回答:明
王在政治上的目標,是人心的安定,人心的安定取決於情緒的平止,情
緒的平止在於利害不見、名聞不彰、機心不起,根本上是以一個不起騷
動的環境來保守平止的情緒。明王在政治操作上的原則,便是提供這樣
的一個安靜的環境,所以明王永不居功,以免居功的結果又引起周遭的
名聞意欲之心。明王希望百姓自用其能而不依恃明王,所以處處製造自
然的環境,在隱微默默的關鍵之地,施以影響,卻讓人民自然地以為是
自己的功績,自然地做去,也就沒有造作的情況,也就沒有多餘的慾望
被迫出現的機會。總之,明王在創造一個自然巧妙的環境,在這個環境
中沒有必要宣示才華功勞,在這裡只需大家悠然釋懷、自然愜意地相處
與生活即可,所以明王的角色在社會活動的意義上看來,更強調的是不
活動、不表現的方式,在一個世俗中人無由察覺的境況中,自己操作著
影響社會的關鍵性活動,由於只有自己認知到活動的意義,所以在操作
時的活動環境是絕對自由的,是無所阻攔的,是絕對地寬廣,似遊於無
有的。

　　陽子居蹴然曰:「敢問明王之治?」老聃曰:「明王之治,
功蓋天下而似不自己;化貸萬物而民弗恃;有莫舉名使物自喜;
立乎不測,而遊於無有者也。」

壺子四相

——擺脫命運的修鍊術

　　天地造化的神妙是遍在於生命活動的每一個樣相之中，求道者極在感知貼合這個造化的神妙，從而在身心上用功實踐，追求道妙之境的人在此處有做不完的功課，智者知之，用心於此，愚者不知，追求外境。帝王事業是人間的美事，多少英雄豪傑喪志於此，這是一個根本的疑惑，卻也是一個難以超越的誘惑，原因無它，只緣身在此世中，莊子在〈逍遙遊〉中所指向的超越的追求，是一個最終的意境，但是天下有多少人能夠呢？宋榮子能在觀念上進入心理情境，卻不能在功夫上化入己身；列子能在功夫上冥契自然、物我相即，卻尚未窺見最高的妙境，這個最高妙境的得致之後，是如〈大宗師〉中的真人之境，這個真人之境的諸多奧妙完全得自於造化的本然，造化的奧祕在於一切皆為天機，端視善者的體會程度而已。〈應帝王〉文中在此引入一段列子功夫求學的理論性文字，純粹從功夫操作的「氣運境界」來解說合道的悠遊自適、逍遙無窮，頗有助於我們對理解莊子雄辯滔滔之氣勢磅礡背後的境界，原來至人的境界是在於這樣的深密神妙，莫怪天下帝王功業彪炳之事，對於求道者而言是這麼地不屑一顧。

　　列子學的是「捐心損志棄我任物」的道家功夫，功夫至極之後，對於自我身心的操作將無入不自得，善觀者將見出層層轉換的功夫變化，操作的成果得使人與自然齊一，任用其氣而自由調適。這樣的一套功夫是極難學習的，最重要的心法在於「捐心損志」的一步，這一關通不過，學習者永遠在意識造作的生活境界中，也就是一般社會活動中人的心理叢結之中，通過了之後，方才有所謂真正的操作身心氣機變換的入徑。

　　莊子說：列子的老師壺子是道中高人，列子學藝卻用心不貞，好務

於外。鄭國有一位厲害的命相師季咸，他對一般人的命運推算之準，就連何年何月何日會發生什麼大事都說得出來，簡直像個活神仙，人們害怕自己的命運知道得太清楚，見之則避，免遭點破，列子卻心儀極了，以告其師，以為其師之功夫不如此人。

> 鄭有神巫曰季咸，知人之死生存亡禍福壽夭，期以歲月旬日，若神。鄭人見之皆奔而走，列子見之而心醉，歸以告壺子曰：「始吾以夫子之道為至矣，則又有至焉者矣。」

壺子知道列子完全不理解命相師的推算技術，更不了解自己在功夫上的修為境界，正好藉此來個機會教育，遂直接斥責列子：我把功夫操作的觀念都告訴你了，但是你並沒有真正的體會，你以為自己得道了嗎？如果你得了我的道術，今天你就不會有這一番話了，要知道人的一生追求，應該有一個超越的目標，要進入生命的自由之中，在自由的境界裡，我們生活的一切是自作主張的，而不是役於外務的，如果役於外務的話，則處處受制，步步輸著，厲害的人甚至一看就知道我們的心思意欲，更厲害的人則對於我們的遭遇發展都推算得出來，這是因為我們已經自陷於一個意識構作的網羅中了，在這個範圍內的生活面向，已經陷入軌跡，軌跡既已製妥，則他人何須費力，必然一眼即知究底。既有其雌，復給其雄，則卵必至，今雖有其雌，而能不欲其雄，則人孰能取卵乎？你這個不用功的學生就是這樣，用你的人意私智、小道小術在社會上機心對應，你當然會自陷網羅，必然自己構作堅實的束縛，因而使得相者得算，此有何妙，如果你能好好學道，將你的私心意欲收攝，機心不用，純任天機，則在現實上你將得到高明的生活意境，而這些窺測人心的命相師則無法算你。不信的話，你叫季咸來為我算算。

> 壺子曰：「吾與汝既其文，未既其實，而固得道與？眾雌而無雄，而又奚卵焉？而以道與世亢，必信，夫故使人得而相汝，

嘗試與來，以予示之。」

第二天，列子便請了季咸來為壺子看相。季咸看完出來對列子說：糟了，你的老師快要死了，沒救了，活不過十天了，我在他身上看到怪相，他已經有了瀕臨死亡的那種面如死灰的跡象。列子聽了，十分難過，因為季咸在鄭國中與人命相從未有誤，遂涕泣沾襟以告壺子。其實壺子是為了讓列子了解求道功夫的深奧，不是這種命相小技所能窺測得的，所以對於自己的身心情狀做了一些處理，讓自己顯現出似若死亡的氛圍，讓季咸只見此裝扮出來的外表，而不見其真，更讓列子見出季咸所知之有限，以及列子尚未入道的實際。所以壺子便說：別擔心，我不會就死的，剛才我是故意現出死相讓他相測的，我給他看的是沒有生機的「地文」，是一種已經毫無生命動力的氣息，所以他看到的是我有意閉塞我的生命跡象的樣子，你再去叫他來看看。

> 明日，列子與之見壺子，出而謂列子曰：「嘻！子之先生死矣，弗活矣，不以旬數矣，吾見怪焉，見溼灰焉。」列子入，泣涕沾襟以告壺子，壺子曰：「鄉，吾示之以地文，萌乎不震不止，是殆見吾杜德機也，嘗又與來。」

第三天，列子又帶季咸來看壺子，看完之後，季咸說：還不錯嘛！幸虧你老師遇見我，他才有機會好，他終於有了生命活動的生機，我看到他閉塞的氣機已經改變了。列子便把這番話告訴壺子，壺子說：剛才我只是又調整了我的氣機，我給他看的是生機顯發的「天壤」之狀，是從全然閉塞的氣氛中重新萌發了的生命活力，雖然還保持在不成具體樣態的情狀，但是已經有一股生命動力從體內流出，所以他也就看到我那狀態良好的樣子。不過你要曉得，真正的功夫境界還不在此，這一切都只是功夫的表演，就已經讓命相者無法準確窺算了，而其實，更好的東西還多著呢，你再叫他來為我看看。

　　明日，又與之見壺子，出而謂列子曰：「幸矣，子之先生遇
我也，有瘳矣，全然有生矣，吾見其杜權矣。」列子入以告壺
子，壺子曰：「鄉，吾示之以天壤，名實不入而機發於踵，是殆
見吾善者機也，嘗又與來。」

　　第四天，季咸又看過了，卻說：你的老師今天很奇怪，他的樣相不
定，所以我沒有辦法確定他的狀況，我想等他的狀態固定了之後，我再
替他相測吧。

　　明日，又與之見壺子，出而謂列子曰：「子之先生不齊，吾
無得而相焉，試齊且復相之。」

　　季咸這次不是錯看了壺子的表面而已，而是根本看不出壺子的情
狀。壺子這次的功夫所用，也已經不是一般人能夠做到的境界了，壺子
的用意是要讓列子知曉命相者的功力只及於一般人自己意識造作所顯現
的生命跡象，如果有功夫修養在身的人來操作的話，任何經過鍛鍊之後
的功夫境界都是超出世俗社會中人的情狀樣態的，而這也就超出命相者
的能力了。壺子說：剛才我操作的是一種絕對平和、無所蘄向的功夫境
界，就是「太沖莫勝」的境界，在我的身心狀態中只有一種絕對平和的
情狀，因為我已經解消了凡人所有的機心意識造作，雖然我還有一個人
身在此，卻不能測知任何的活動方向。就像一潭深淵，盤旋迴繞，莫測
其流，這種情況至少就有九種，我剛才也只顯現了鯢桓、止水、流水所
造成的三種深淵的狀態而已。不過，一個有功夫修養的人，這種境界還
算是初步功夫，只足以隱藏自己，還沒有到能夠變化萬千的地步，你明
天再叫他來看看。

　　列子入以告壺子，壺子曰：「吾鄉示之以太沖莫勝，是殆見
吾衡氣機也，鯢桓之審為淵，止水之審為淵，流水之審為淵，淵

有九名，此處三焉，嘗又與來。」

　　第五天，季咸一到，腳還沒站穩，招呼還沒打一聲，轉身就走。壺子要列子留人，列子卻追不到，說他跑得太快了我追不到、追掉了。壺子本想讓季咸和列子同時了解這一連串命相動作的背後意義，現在只能說給列子聽，壺子說：修道功夫的最高境界，就是讓自己與大化同在，完全取消生命活動中的人我自覺之心。我們的存在就只是大塊中的小塊，所以我們得以進入一種與自然完全齊一的身心境界之中，這便是我們求道的終境，所以剛才我就是把這種境界顯現出來，我給他看的是「未始出吾宗」的情狀，我將自我的存在感知完全委棄，完全讓自己存在於天地造化的本然情狀中，我用「虛齋」的功夫到了極致，於是就能與天地萬物隨其流變化現，在變化活動中，根本沒有彼此物我的分別，只是由自然任運而已，隨其變化波流不已。所以季咸剛才所看到的根本就是造化的本身，因為他對人的機心意識有所精研，卻反而失去了理解自然天機的機會，今日一旦乍見於我身，內心茫然疑惑不得其解，對他以前所有的成就產生了莫大的質疑，他的觀念一下子沒有辦法落實，他的情緒一時無法控制，在意識茫然中乾脆先跑開了。

　　　明日又與之見壺子，立未定自失而走，壺子曰：「追之！」列子追之不及，反以報壺子曰：「已滅矣，已失矣，吾弗及已。」壺子曰：「鄉，吾示之以未始出吾宗，吾與之虛而委蛇，不知其誰何，因以為弟靡，因以為波隨，故逃也。」

　　列子目睹了這一幕幕的真實事件，內心受到的震撼非同小可，他此刻才真正地體會了求道功夫的意境，原來過去與老師學道的時候都只是口耳聽聞而已，根本沒有用心到生命裡面，原來他一直以世俗中人的求技之心來看待自己老師的學問功夫，這樣的學習當然是錯誤的。他的內心慚愧極了，告別了老師回家深省。這次的失敗給了他一個重新來過的

契機，他回家生活以後，完全收拾起平日躁動的心緒，默默用心於道，三年不出家門一步，做的盡是些完全屬於生活上的小事，幫老婆煮飯燒菜、掃地劈柴、餵豬養雞，一副認認真真的樣子，毫不鄙視這些工作，把自我的傲慢聰慧都收拾起來，對什麼事情都平等地看待，不再激動執著地偏好什麼事情，他的生命逐漸進入一種化盡偏執的樸拙當中，他的存在愈來愈接近自然的造化情狀，只是一個塊然的平凡而已，有人之形而無人之情呀，在紛然的活動應對中，永遠保持著齊於自然的境界，且終生持守，不再猶疑。

> 然後列子自以為未始學而歸，三年不出，為其妻爨，食豕如
> 食人，於事無與親，雕琢復朴，塊然獨以其形立，紛而封哉，一
> 以是終。

至人用心若鏡
——無目的性的治國之術

　　一般人對政治活動的認識，都把它放在社會目的的意義中來看待，因而由社會目的來決定政治操作的態度，以及政治人格的培養，然而在莊子的哲學觀念系統中，社會目的的建構是缺乏基礎性的，人間世界的人生活動有一個應該追求的最終之境界，那就是貼合於天地自然之本然情狀的活動格式，那就是與道妙合一的至人境界。然而，社會存在仍然是一個現實，政治的紛紜仍然是一個顯要的活動領域，對於這個社會活動領域的態度，莊子必須發言，就在發言中，莊子表達了他的根本關懷：這個政治活動與所有的人生活動一樣，本身沒有更高的目的性，一切活動的意義平等，一切活動的目標只有一個——就是與道妙貼合的追求而已。如果不在此處定位，則是一個意境的滑落，莊子不予肯定，如

在此處定位，則政治活動應以無目的性的自適悠然為主，要在人智私意的政治世界中創造一個無人智私意的理想環境，讓自我與群眾在這個環境中彼此相親相近，互不侵傷，自然和諧，使理想的政治結果自然出現。

〈應帝王〉其實一點也不「帝王」，〈應帝王〉只是對於帝王事業的清淺回應，基本上是種遠離帝王心態的聖人事業，這種心態上的遠離正好是妙道的貼合，所以莊子發表觀點說：不要去嘗受社會聲名，不要去進行心思謀略的活動，不要去占據眾所關注的功業焦點，不要任用私智自以為是，要體貼妙道自然無心的意境，要品嘗無心自由的寬廣，要讓我們把自己置放在廣博的天地造化所已經施予我們的種種滿足，不要再去沾惹招擾，放下一切的心意力量，如鏡回映，不採取、不對待、不拒絕，隨順來去而不用意管制，如此便可以取得終極的平和關係，使社會與自己獲得絕對的安寧，彼此相安互不侵傷，輕鬆對應絕不造作，這便是我們一切社會活動的最終態度標準，這也是我們追求最高境界的必走之路，這是一個求道者與道冥合的生活旨趣。

　　無為名尸，無為謀府；無為事任，無為知主。體盡無窮，而遊無朕；盡其所受乎天，而無見得，亦虛而已，至人之用心若鏡，不將不迎，應而不藏，故能勝物而不傷。

七日而渾沌死
——使用小聰明就會破壞大智慧

人類的私智是至道斲傷的利器，渾樸而毋用是莊子指出的趣道之徑。莊子在〈應帝王〉文末把「至人」的超越追求，從對政治事業回應的討論中轉出，從根本上遺忘政治的召喚，從根本上回歸渾樸的追求。

渾樸的追求就是人智毋用,一旦私智啟用,渾樸便失,遺道遠甚。為說明這個道理,莊子作了一個故事性的譬喻,「南海之帝為儵,北海之帝為忽,中央之帝為渾沌。」儵與忽表示存在的時間甚為短暫,因此代表了兩位識道甚淺的帝王,渾沌則不然,純粹地與至道冥合,不愧應為中央之帝。渾沌待儵與忽甚善,兩位謀報,以人間至美之知能贈之,無奈渾沌因而遭死。這一則譬喻性的故事即在說明,所有的人間社會的政治活動,都是馳騁在人意私智的短視近利之心中操作著的,都與根本的妙道遠離,但世人不知,帝王亦不知,這種人間的政治利害真不值追求,亟欲世人看清。

南海之帝為儵,北海之帝為忽,中央之帝為渾沌,儵與忽時相與遇於渾沌之地,渾沌待之甚善,儵與忽謀報渾沌之德曰:「人皆有七竅,以視聽食息,此獨無有,嘗試鑿之。」日鑿一竅,七日而渾沌死。

國家圖書館出版品預行編目資料

莊周夢蝶：莊子哲學／杜保瑞著. -- 初版.
-- 臺北市：五南圖書出版股份有限公司,
2006[民95]
 面； 公分. --（中國哲學系：1XX9）
 ISBN 978-957-11-4518-1（平裝）

1.莊子 - 研究與考訂

121.337   95019101

1XX9 中國哲學系列

莊周夢蝶──莊子哲學

作　　者 ─ 杜保瑞（100）

發 行 人 ─ 楊榮川

總 經 理 ─ 楊士清

總 編 輯 ─ 楊秀麗

副總編輯 ─ 黃惠娟

責任編輯 ─ 吳佳怡

出 版 者 ─ 五南圖書出版股份有限公司

地　　址：106台北市大安區和平東路二段339號4樓

電　　話：(02)2705-5066　　傳　　真：(02)2706-6100

網　　址：https://www.wunan.com.tw

電子郵件：wunan@wunan.com.tw

劃撥帳號：01068953

戶　　名：五南圖書出版股份有限公司

法律顧問　林勝安律師事務所　林勝安律師

出版日期　2007年 1 月初版一刷
　　　　　2021年10月初版四刷

定　　價　新臺幣280元

經典永恆・名著常在

五十週年的獻禮——經典名著文庫

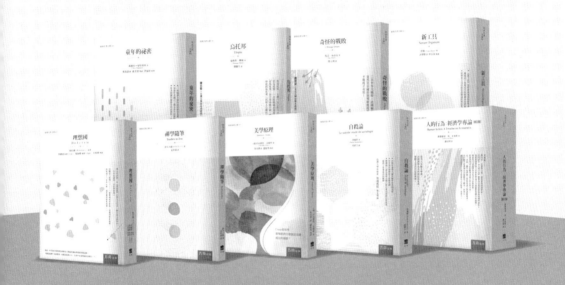

五南，五十年了，半個世紀，人生旅程的一大半，走過來了。
思索著，邁向百年的未來歷程，能為知識界、文化學術界作些什麼？
在速食文化的生態下，有什麼值得讓人雋永品味的？

歷代經典・當今名著，經過時間的洗禮，千錘百鍊，流傳至今，光芒耀人；
不僅使我們能領悟前人的智慧，同時也增深加廣我們思考的深度與視野。
我們決心投入巨資，有計畫的系統梳選，成立「經典名著文庫」，
希望收入古今中外思想性的、充滿睿智與獨見的經典、名著。
這是一項理想性的、永續性的巨大出版工程。
不在意讀者的眾寡，只考慮它的學術價值，力求完整展現先哲思想的軌跡；
為知識界開啟一片智慧之窗，營造一座百花綻放的世界文明公園，
任君遨遊、取菁吸蜜、嘉惠學子！